IGINIO
MASSARI

The SWEETMAN

MONDADORI

Published by arrangement with Hub4Brand e Level 33

Art Director: Sergio Pappalettera / Studio Prodesign
Progetto grafico e impaginazione: Giulia Faraon / Studio Prodesign

Prima edizione: novembre 2017

www.electa.it

Sommario

Ricordi
5

La pasta frolla
9

Il pan di spagna
27

Le creme
43

Le masse al burro
61

I bignè
77

I meringaggi
89

La pasta sfoglia
99

I dolci di pasta lievitata
113

Indice delle ricette
127

Iginio Massari

Ricordi

Da piccoli vediamo e pensiamo al mondo con una fantasia inimmaginabile. Molte volte mi chiedo se certi passaggi della mia infanzia sono veri o me li sono costruiti nel tempo. Certo, allora non pensavo a Obelix, il personaggio del celebre fumetto francese dotato di una forza fisica incomparabile per essere caduto da piccolo in un pentolone contenente un liquido magico, che rende invincibile chi lo beve. Anch'io da piccolo sono caduto in un pentolone...
Siamo nel dopoguerra, in una trattoria-gelateria vicino alla stazione di Brescia. Un locale tipico, con tanto di tavolini all'aperto. Se nei periodi freddi si mangia dentro, al tepore delle stufe, con l'arrivo della bella stagione si apparecchia fuori, fra vivaci tovaglie a quadretti, rosse o blu.
In casa non manca l'allegria, nonostante i segni della guerra ancora evidenti nel cortile. Io, bambino, gioco e rimiro l'andirivieni di persone che, per far due chiacchiere o per mangiare, passano da noi.
L'appetito non manca mai. E rivedo ancora nitidamente mia madre che mescola alacremente, impasta, tira col matterello la sfoglia o la frolla, prepara il ripieno, e con amore cura le creme gelato... Nell'aria si diffondono mille aromi: quelli caldi e avvolgenti del minestrone e della trippa in inverno e quelli più freschi, odorosi di erbe, ma altrettanto "corposi" delle pastasciutte, dei ravioli e del gelato all'aprirsi della bella stagione.
Mescola e sbatti, impasta e sciogli, decora e inforna. Gli impasti e i profumi si sommano l'uno all'altro come i gesti, le storie, le consuetudini di un'antica fatica, di una sapienza laboriosa e di una dimestichezza sanguigna che t'incanta. Che mi ha incantato fino all'innamoramento e al desiderio di fare miei tutti quei gesti. Sul disco di pasta sfoglia della memoria ancora oggi si staglia, netta, l'immagine dolce e premurosa di mia madre. Forse sarà stato il bagno che feci a quattro anni, per una mia distrazione: caddi in una pentola di crema tiepida per gelato alla vaniglia e cannella, che mi è penetrata fino al cuore. Profumi e odori alimentari mi coinvolgono tutt'ora anima e corpo. Il sentimento è quindi la molla iniziale di questo mio lavoro, anche se vi sono altri motivi, certo non trascurabili o secondari.
E poi, quale cibo è più in linea con la nostra vorticosa e affannata epoca? Un cibo consolatorio per chi è solo ma familiare e conviviale all'occorrenza?
Viva i dolci, quindi.
Dolci che io mi auguro acquistino ancora più charme se chi, leggendo queste righe, saprà cogliervi sapori, aromi e profumi, gesti e ritmi di una condizione umana e sociale ancora viva nella cultura quotidiana.
Così facendo, il lettore ritroverà anche l'arte della tavola.

ITALY
The
IGINIO MASS
ORIGINAL RECIPE
Since 195

MILANO
The Sweet Man
Latte

capitolo uno

La pasta frolla

CROSTATA AI FRUTTI DI BOSCO

CROSTATA DI FROLLA
ALLA CONFETTURA DI ALBICOCCHE

FERRO DI CAVALLO

SBRISOLONA MANTOVANA
CON CHANTILLY ALLO ZABAIONE

CIAMBELLA CON FRUTTA CANDITA

MOUSSE AI FRUTTI DI BOSCO
CON CREMA AL MASCARPONE

CHE COS'È LA PASTA FROLLA

La pasta frolla media (chiamata "Milano") è un impasto composto dal 10% di liquido (rappresentato dalle uova), da burro e zucchero in ugual misura e dal doppio della farina.

LE PASTE FROLLE AL BURRO SI DIVIDONO IN

- frolla tipo Milano: contiene quantità pari o maggiori di zucchero rispetto alla percentuale del burro;
- pasta sablée: contiene quantità maggiori di burro rispetto alla percentuale dello zucchero (generalmente si utilizza per la biscotteria);
- frolla montata: stesse basi della frolla, ma con un procedimento diverso.

La farina per la pasta frolla deve essere povera di glutine.
La sostanza grassa per eccellenza è il burro, perché ha una buona capacità emulsionante e un basso punto di fusione. La componente liquida, in generale, è data dall'uovo intero. L'aggiunta di acqua o latte darà una pasta più elastica e una struttura meno friabile.
Una dose maggiore di zucchero darà invece una struttura più croccante e "vetrosa".
Se il liquido è poco, usate lo zucchero a velo: quello semolato non si scioglierebbe, provocando grandi alveoli in cottura.

PASTA FROLLA BASE

INGREDIENTI

1 kg di farina
500 g di burro
500 g di zucchero
200 g di uova
5 g di sale per kg di farina
10 g di lievito in polvere (10-30 g facoltativo per kg di farina)

Per ottenere una frolla croccante utilizzate lo zucchero semolato aumentando la dose. Per una frolla friabile, utilizzate lo zucchero a velo e riducete la dose.

PASTA FROLLA PER CROSTATE

INGREDIENTI

330 g di farina bianca 0
200 g di burro
120 g di zucchero a velo
30 g di miele di acacia
60 g di tuorli
2 g di sale
1 baccello di vaniglia
la scorza grattugiata di mezzo limone

PROCEDIMENTO

Versate nella bacinella della planetaria con lo scudo il burro e lo zucchero. Lavorateli per qualche secondo a velocità media; quando saranno ben amalgamati, aggiungete il miele. In una ciotola piccola a parte salate i tuorli, mescolate e versate il composto nella planetaria. Aggiungete la vaniglia e la scorza di limone (solo la parte gialla). Setacciate due volte la farina e versatela nella planetaria. La frolla sarà pronta dopo pochi secondi, quando la farina sarà stata completamente assorbita.
Una buona pasta frolla deve essere lavorata poco e non deve appiccicarsi alle mani.
Togliete la pasta dalla planetaria, appoggiatela su un foglio di carta forno o di plastica alimentare e appiattitela. Stabilizzatela in frigorifero per almeno 2 ore.

CONSIGLIO

Preparate l'impasto la sera e lavoratelo e cuocetelo il giorno successivo.

step by step

La pasta frolla

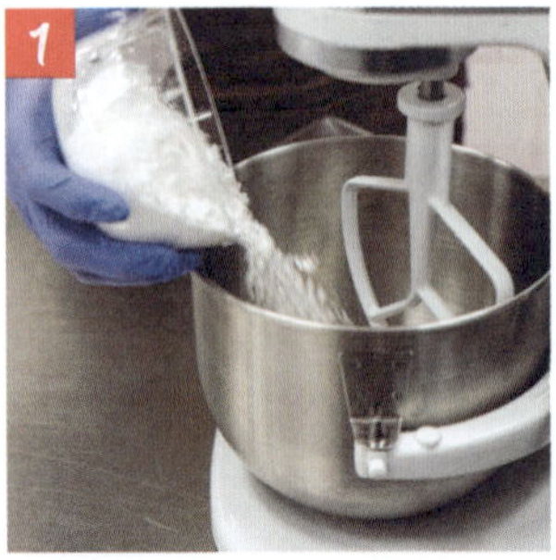

Versate lo zucchero.

Aggiungete il burro.

Aggiungete la scorza di limone.

Unite i tuorli.

Incorporate il miele e rendete omogenea la massa.

Unite la farina e il lievito e lavorate fino al completo assorbimento della farina.

La pasta è pronta.

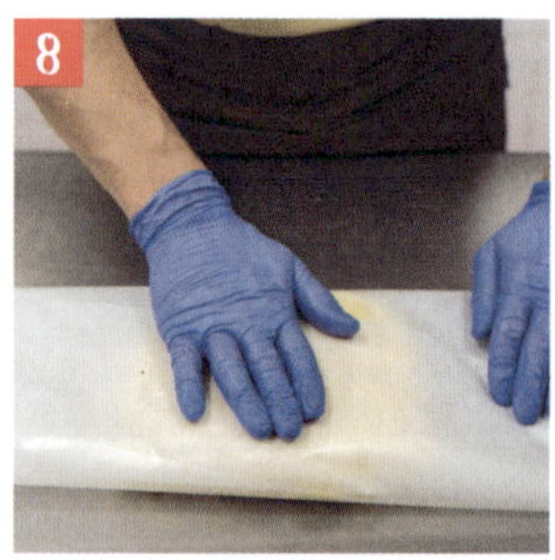

Avvolgetela nella pellicola e mettetela in frigorifero per stabilizzarla (2 ore).

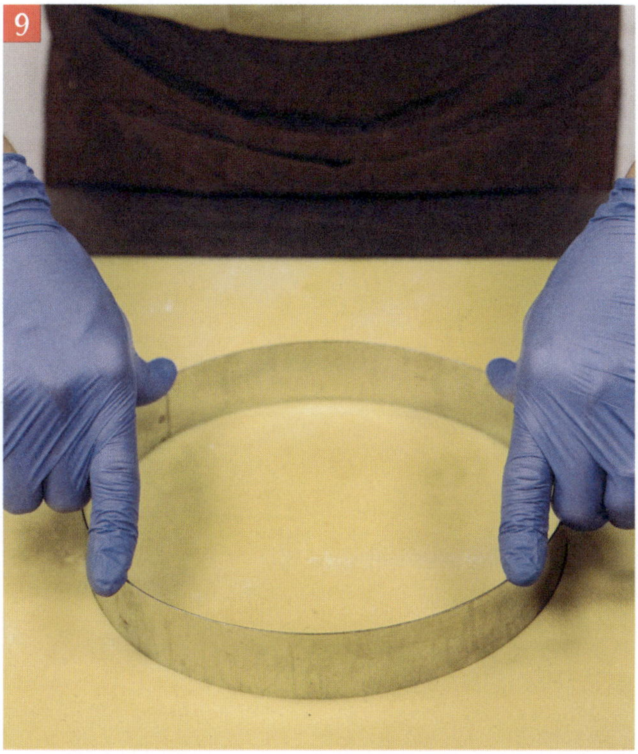

Stendete la pasta allo spessore di 3 mm
e stampatela con un anello.

Adagiate il disco di pasta
in una tortiera.

Formate un cordoncino
uniforme di pasta.

Bucate il fondo
con una forchetta.

Decorate il bordo con
il manico di un cucchiaio
o con un tarocco.

Infornate.

Crostata ai frutti di bosco

INGREDIENTI

PER LA PASTA FROLLA	120 G DI BURRO MORBIDO MA ANCORA PLASTICO	70 G DI ZUCCHERO A VELO	16 G DI MIELE DI ACACIA	33 G DI UOVA	1 G DI SALE
MEZZO BACCELLO DI VANIGLIA	LA SCORZA GRATTUGIATA DI MEZZO LIMONE (SOLO LA PARTE GIALLA)	1,5 G DI LIEVITO IN POLVERE	160 G DI FARINA DI GRANO TENERO 00		
PER LA CROSTATA	100 G DI CONFETTURA DI ALBICOCCHE + QB	50 G DI ARANCIA CANDITA A CUBETTI	FRUTTI DI BOSCO MISTI	GELATINA DI FRUTTA	ZUCCHERO VANIGLIATO PER SPOLVERARE

COMPOSIZIONE

Fondo di frolla con bordo - 100 g di confettura di albicocche - strato sottile di confettura di albicocche dopo la cottura - frutti di bosco misti - gelatina di frutta scaldata a 60 °C spennellata (40 g) - spolvero leggero di zucchero vanigliato

Per la pasta frolla, mettete nella bacinella della planetaria il burro, lo zucchero e il miele e amalgamate uniformemente; aggiungete gli aromi (vaniglia e limone), le uova, il sale e amalgamate ancora; quando la massa burrosa sarà omogenea, incorporate la farina e il lievito già setacciati, lavorando solo fino al totale assorbimento della farina.

A mano: formate una fontana con la farina e il lievito setacciati; amalgamate a parte il burro, lo zucchero, il miele, il sale sciolto in poca acqua, la vaniglia, il limone e le uova. Quando la massa è omogenea, incorporatela alla farina, schiacciandola con le mani verso l'interno e lavorando poco, solo fino al totale assorbimento di tutti gli ingredienti.

Lavorate con le mani la pasta frolla tolta dal frigorifero per renderla malleabile; stendetela con un matterello fino a uno spessore ideale di 6 mm utilizzando poca farina di spolvero. Stampate quindi un disco ricavandolo da una matrice o dalla stessa tortiera e ponetelo sul fondo dello stampo; spalmate sulla pasta uno strato di confettura di albicocche per un decimo del peso della frolla, arricchita da cubetti di arancia candita. Con altra pasta formate un cordone dal diametro di 1 cm, lungo quanto la circonferenza della crostata. Decorate il bordo della crostata così ottenuto, premendo leggermente con il manico di un cucchiaio o con un tarocco su tutta la circonferenza. Cuocete a 170 °C per circa 20 minuti.

Quando la crostata è fredda, spalmate con un cucchiaio ancora un po' di confettura di albicocche e distribuitevi frutti di bosco di ottima qualità; spennellate un velo di gelatina sulla frutta. Cospargete leggermente di zucchero vanigliato a piacere.

Nota: questa pasta mantiene la sua fragranza se conservata in frigorifero da 0 a 4 °C per 15 giorni al massimo. Successivamente rimarrà ancora gradevole, ma perderà in parte le caratteristiche organolettiche; il burro infatti si ossida, imbrunisce e la pasta diventa più scura. La cottura ideale per la pasta frolla per prodotti di piccole dimensioni si ottiene con temperature medie a 180-190 °C. Il colore ideale finale è un nocciola leggermente pronunciato al bordo e dorato al centro.

Crostata di frolla alla confettura di albicocche

INGREDIENTI

PER LA FROLLA SPECIALE PER CROSTATE	170 G DI BURRO	100 G DI ZUCCHERO A VELO	25 G DI MIELE DI ACACIA	LA SCORZA GRATTUGIATA DI MEZZO LIMONE (SOLO LA PARTE GIALLA)

1 BACCELLO DI VANIGLIA	40 G DI TUORLI	1 G DI SALE	2 G DI LIEVITO IN POLVERE (FACOLTATIVO)	250 G DI FARINA BIANCA 00	CONFETTURA DI ALBICOCCHE Q.B

COMPOSIZIONE

Anello di metallo del diametro di 20 cm - disco di pasta frolla - strato di confettura sulla frolla - griglia di frolla - bordo (possibilmente decorato)

Mettete nella bacinella della planetaria con lo scudo il burro morbido ma ancora plastico, lo zucchero, il miele e gli aromi, amalgamate gli ingredienti senza montarli; aggiungete i tuorli e il sale. Quando la massa burrosa sarà uniforme, incorporate la farina e il lievito (facoltativo) setacciati. Lavorate poco, solo finché la farina non sarà ben amalgamata. Il dosaggio di questa ricetta è più simile a quello della pasta sablée, ma il metodo d'impasto è tipico della pasta frolla.

Stendete la pasta a uno spessore di 5 mm, bucatela e stampate un fondo della stessa dimensione della tortiera o anello per torte. Farcite con la confettura di albicocche (ne occorrerà una quantità pari al 25% del peso totale della pasta) stendendola fino a 1 cm dal bordo. Formate una griglia di pasta frolla e adagiatela sulla confettura. Da un altro disco di pasta stampate un anello di frolla largo 2 cm che andrà disposto sulla crostata. Decorate il bordo di pasta a piacere, esercitando una pressione. Cuocete a 180 °C per circa 20 minuti.

Quando stendete la pasta frolla con il matterello, utilizzate con moderazione lo spolvero di farina; se la quantità è eccessiva, la farina rimarrà sulla superficie del dolce e in cottura la pasta diventerà opaca e grigia.

La confettura non deve mai superare il 25% del peso della frolla.

Ferro di cavallo

INGREDIENTI

PER LA PASTA FROLLA	200 G DI BURRO	200 G DI ZUCCHERO A VELO	1 G DI SALE	1 BACCELLO DI VANIGLIA	300 G DI FARINA BIANCA 00	120 G DI UOVA
120 G DI NOCCIOLE TOSTATE IN POLVERE	PER LA FARCITURA	120 G DI MARMELLATA DI ARANCE	120 G DI SCORZE DI ARANCIA CANDITE			

Ricetta ricca di zucchero, con burro nella norma e abbondante quantità di liquidi. Lo sviluppo è più accentuato delle normali frolle montate per la quantità di vapore che si produce. Il prodotto, una volta cotto, risulta vellutato e scuro. Una frolla classica ricoperta di cioccolato fondente temperato solo sulle due estremità: alta qualità per la biscotteria fine. Ottima per accompagnare il caffè e il tè.

Montate nella planetaria con la foglia il burro, lo zucchero a velo, il sale e la vaniglia e aggiungete progressivamente 1/3 di farina bianca setacciata alternandola alle uova. Continuate ad aggiungere la farina bianca rimasta mescolata alle nocciole in polvere con un cucchiaio a spatola.

Con una tasca da pasticciere dotata di bocchetta dentellata n. 10 modellate i pasticcini a forma di ferro di cavallo e disponeteli in una teglia rivestita di carta forno. Infornate per 13-15 minuti a 170 °C con valvola aperta.

Intingete le due estremità del ferro di cavallo nel cioccolato fondente sciolto a 31 °C e posizionate i biscotti su un foglio di carta da cottura fino alla cristallizzazione (raffreddamento) del cioccolato.

Sbrisolona mantovana con chantilly allo zabaione

INGREDIENTI

PER LA PASTA BASE	320 G DI BURRO	160 G DI MANDORLE MACINATE GROSSOLANAMENTE	100 G DI FARINA DI MAIS MACINATA FINEMENTE	250 G DI ZUCCHERO SEMOLATO		
3 G DI SALE SCIOLTO IN 10 G DI ACQUA	5 G DI BAKING (LIEVITO IN POLVERE)	50 G DI UOVA	1 BACCELLO DI VANIGLIA "MADAGASCAR"	160 G DI FARINA BIANCA 00 SETACCIATA		
PER LA CHANTILLY ALLO ZABAIONE	120 G DI TUORLI	100 G DI ZUCCHERO	20 G DI AMIDO DI RISO	MEZZO BACCELLO DI VANIGLIA	250 G DI MARSALA	PANNA MONTATA QB

COMPOSIZIONE

Piatto - crema chantilly allo zabaione - sbrisolona - decorazione

Per la pasta base, amalgamate tutti gli ingredienti (tranne la farina bianca). Per ottenere il massimo della friabilità, la massa non deve incorporare aria. Aggiungete quindi la farina bianca lavorandola pochissimo; la pasta pronta si dovrà presentare ancora sbriciolata. Mettetela in frigorifero per una notte e il giorno seguente passatela in un setaccio a maglie grosse (10 x 10 mm), formando una granella di pasta. Disponete il composto in piccoli anelli metallici del diametro di 8 cm e alti 1 cm. Cuocete a 160 °C per 20 minuti.

Per la chantilly allo zabaione, mescolate tuorli, zucchero e amido, quindi il Marsala e i semi grattati del baccello di vaniglia. Cuocete partendo dal composto freddo; portate a cottura con lo stesso metodo descritto per la crema pasticcera (vedi pagina 44). È preferibile la cottura a bagnomaria.

Mescolate la crema allo zabaione così ottenuta con pari peso di panna montata leggermente zuccherata.

La sbrisolona deve essere friabilissima, di un bel colore con sfumature dorate. Alla masticazione deve dare sensazioni di croccantezza. Lo zabaione deve essere leggero ma corposo.

L'antica e tradizionale sbrisolona mantovana, rivisitata e corretta, prevede il burro al posto dello strutto e le mandorle al posto della farina di mais. È stata ingentilita, insomma, e ha cambiato anche dimensione. Piccole torte di pochi centimetri di diametro, rese più friabili per l'intervento, appunto, di nuovi ingredienti in sostituzione di altri ormai superati. La pasta non ha perso in granulosità grazie all'uso del setaccio a maglie grosse.

La sua croccantezza ci induce pensieri vivaci, sensazioni vitali ed energiche, che trovano un momento di pausa nel soffice tepore della crema allo zabaione.

Ciambella con frutta candita

INGREDIENTI

120 G DI BURRO	90 G DI ZUCCHERO	25 G DI MIELE	30 G DI UOVA	7 G DI MARASCHINO	4 G DI BAKING (LIEVITO IN POLVERE)	180 G DI FARINA BIANCA 00	25 G DI UVETTA
25 G DI CUBETTI DI ARANCIA CANDITA	25 G DI CILIEGIE CANDITE TAGLIUZZATE	1 SCORZA DI LIMONE, ARANCIA, VANIGLIA	TUORLO PER SPENNELLARE	GRANELLA DI ZUCCHERO			

Mettete nella bacinella della planetaria con lo scudo il burro morbido, ma ancora plastico, lo zucchero, il miele e gli aromi. Amalgamate gli ingredienti per renderli omogenei, senza montarli, quindi aggiungete le uova, il Maraschino e il sale; quando la massa burrosa sarà uniforme, incorporate la farina e il lievito setacciati e tutta la frutta. Lavorate poco, solo finché la farina non sarà ben amalgamata.

Posizionate un cilindro di pasta molto regolare e sufficientemente lungo all'interno di un anello di metallo per dolci leggermente imburrato, del diametro di 22 cm. Spennellate la superficie con il tuorlo sbattuto e ricoprite la ciambella con lo zucchero in granella o semolato.

Cuocete a 170 °C per 22 minuti.

Mousse ai frutti di bosco con crema al mascarpone

INGREDIENTI

PER LA PASTA SABLÉE	45 G DI BURRO	60 G DI FARINA BIANCA 00	LA SCORZA GRATTUGIATA DI 1 LIMONE	1 G DI LIEVITO IN POLVERE	11 G DI STEVIA	20 G DI MANDORLE BIANCHE IN POLVERE
1 G DI SALE SCIOLTO IN POCA ACQUA	10 G DI TUORLI	PER LA CREMA AL MASCARPONE	3 G DI GELATINA IN FOGLI	20 G DI TUORLI (1 TUORLO)	MEZZO BACCELLO DI VANIGLIA	
20 G DI SCIROPPO (10 G DI STEVIA, 10 G DI ACQUA)	300 G DI MASCARPONE	200 G DI PANNA NON MONTATA	50 G DI ALBUMI	1 G DI CREMOR TARTARO	2 G DI GELATINA AMMORBIDITA IN ACQUA FREDDA E SCIOLTA	
50 G DI STEVIA	50 G DI ACQUA	PER LA COMPOSTA DI FRUTTA	35 G DI POLPA DI LAMPONI	35 G DI POLPA DI FRAGOLE	10 G DI POLPA DI MORE	1 G DI CANNELLA IN POLVERE
10 G DI STEVIA	2 G DI GELATINA IN FOGLI	4 G DI SUCCO DI LIMONE				

COMPOSIZIONE

Anello del diametro di 22 cm rivestito con una striscia di acetato alimentare - pasta sablée ben cotta sul fondo dell'anello - crema al mascarpone - composta di frutti di bosco - crema al mascarpone a filo dell'anello: passare in abbattitore o congelare - decorazione di frutta fresca e quadrati di cioccolato bianco decorati - zucchero a velo e foglia d'oro

Per la pasta sablée, lavorate bene il burro, la farina, il lievito in polvere e la scorza di limone (solo la parte gialla). Incorporate la stevia, le mandorle bianche in polvere, il sale e i tuorli. Impastate e conservate in frigorifero. Ricavate il disco di pasta. Cuocete a 175 °C per i primi 5 minuti e a 150 °C per i successivi 15 minuti. Disponete il disco nell'anello per la composizione del dolce.

Per la crema al mascarpone, ammorbidite in acqua fredda i fogli di gelatina, scioglieteli a bagnomaria o con altre fonti di calore e versateli a filo sui tuorli mentre montano. Incorporate ai tuorli lo sciroppo bollente e la vaniglia. Mescolate il mascarpone con la panna per renderlo liscio e omogeneo. Montate gli albumi con il cremor tartaro e la gelatina sciolta a 60 °C. Cuocete la stevia a 121 °C con l'acqua e versatela a filo sugli albumi mentre montano. Amalgamate il tutto. Versate la crema sul disco di pasta sablée. Raffreddate il dolce in abbattitore.

Per la composta, mescolate la frutta e passatela al setaccio. Cuocete sotto il punto di ebollizione le fragole, i lamponi, le more, la cannella e la stevia. Incorporate la gelatina ammorbidita in acqua fredda e il succo di limone. Versate la composta sulla crema al mascarpone e terminate con un altro strato di crema al mascarpone.

Completate il dolce decorando con frutta fresca.

Servite sempre il dessert fresco, togliendolo dal congelatore un po' prima dell'uso e glassando e decorando a piacere.

capitolo due

Il pan di spagna

BICCHIERINO ZUPPA INGLESE

PASTE MIGNON CIOCCOLATO E PERA

TIRAMISÙ

MOUSSE AL CIOCCOLATO

CHE COS'È IL PAN DI SPAGNA

Il pan di spagna è una pasta dolce estremamente soffice e spugnosa di uso comune in tutte le pasticcerie del mondo. Si ritiene che la preparazione derivi da un'invenzione del cuoco genovese Giobatta Cabona. Questi, a metà del 1700, venne inviato in Spagna al seguito del marchese Domenico Pallavicini, ambasciatore genovese in quella nazione. In occasione di un banchetto, Cabona presentò una torta basata su una pasta di incredibile leggerezza per quei tempi, che in suo onore venne definita dai francesi *pâte génoise*, pasta genovese. Da questa derivò una versione leggermente semplificata che prese il nome di pan di spagna per onorare la corte spagnola che aveva decretato la fortuna della preparazione.

SCHIUMA A BASE DI UOVA

Quando l'uovo, l'albume o il tuorlo vengono sbattuti energicamente, l'aria è intrappolata e trattenuta nel liquido, che pian piano si trasforma. Durante questo processo, chiamato "di montaggio", le bolle d'aria, prese nel movimento rotatorio di sbattimento, si dividono di continuo e diventano più piccole ma, al tempo stesso, il loro numero cresce notevolmente. Il volume del composto aumenta di conseguenza.

PREPARAZIONE DELLA MASSA DEL PAN DI SPAGNA

Esistono quattro procedimenti base:

- pan di spagna a caldo (il tradizionale)
- pan di spagna montato a freddo
- a doppia montata (tipo savoiardi)
- con emulsionanti (tutto insieme)

COTTURA

Il pan di spagna cuoce a una temperatura di 180-190 °C con valvola aperta. In forno il prodotto si sviluppa grazie al vapore. Ma se il vapore è in eccesso, si creerà una pressione maggiore della spinta del pan di spagna che produrrà quindi un abbassamento nella parte centrale del dolce.

Il pan di spagna può essere cotto su tappetini di silicone, in anelli metallici o nelle tradizionali tortiere imburrate e infarinate.

Non cuocetelo troppo a lungo per evitare di avere un forte gusto di uovo e un prodotto fastidioso alla masticazione. Meglio, quindi, realizzare pan di spagna bassi.

Il pan di spagna deve essere infornato non appena il composto è pronto, non deve aspettare altrimenti la massa si smonta e forma un eccesso di glutine. È cotto quando raggiunge i 94 °C al cuore. Se non avete il termometro, toccatelo al centro con le dita: sarà cotto se il dito riuscirà a segnare il prodotto esercitando una pressione ma senza lasciare impronte. Appena cotto sformatelo immediatamente e fate raffreddare su un foglio di carta forno spolverato con un po' di zucchero semolato. Spolverate con lo zucchero semolato anche la superficie. Il pan di spagna si mantiene fresco per parecchi giorni a 4 °C, coperto con la pellicola, ma non va mai congelato perché ha poca umidità disponibile.

BASE MEDIA PER BILANCIARE IL PAN DI SPAGNA

INGREDIENTI

50 g di uova
25 g di zucchero
25 g di farina

MASSA LEGGERA

INGREDIENTI

50 g di uova
20 g di zucchero
20 g di farina

MASSA MEDIA

INGREDIENTI

50 g di uova
35 g di zucchero
35 g di farina

MASSA PESANTE

INGREDIENTI

50 g di uova
50 g di zucchero
50 g di farina

PAN DI SPAGNA MONTATO A FREDDO

INGREDIENTI

200 g di uova
150 g di tuorli
190 g di zucchero
1 baccello di vaniglia
la scorza di 1 limone
100 g di farina bianca 00
100 g di fecola di patate

PROCEDIMENTO

Nella planetaria con la frusta, o in una ciotola con la frusta elettrica, montate le uova con tutto lo zucchero e gli aromi; aggiungete i tuorli a filo quando la massa è quasi pronta. Montate il tutto a velocità elevata per 13-14 minuti (più le uova sono fredde, più i tempi di lavorazione si allungano). Setacciate due volte la farina con la fecola di patate (in modo da miscelare nel modo migliore le due polveri). Riducete la velocità della macchina e incorporate in 5 secondi metà delle polveri, quindi aumentate la velocità per 2 secondi; portate l'apparecchio alla velocità minima e unite le polveri rimanenti in 4-5 secondi; quindi aumentate di nuovo la velocità per 2 secondi. Trasferite la massa in una tortiera imburrata e infarinata livellando la superficie. Infornate a 180 °C per 20-22 minuti a valvola aperta (nei forni casalinghi mettete una pallina di carta d'alluminio tra lo sportello e la bocca del forno, in modo che il vapore esca costantemente e il pan di spagna si sviluppi perfettamente).
Spolverate leggermente la superficie con zucchero semolato e girate il pan di spagna sulla carta forno. Fate raffreddare.

Se le ricette sono ricche di farina, aggiungete polveri lievitanti, perché l'acqua presente nella massa non è sufficiente per lo sviluppo.

step by step

Il pan di spagna

Versate nella bacinella della planetaria lo zucchero e le uova. Montate. Incorporate a mano la farina precedentemente setacciata.

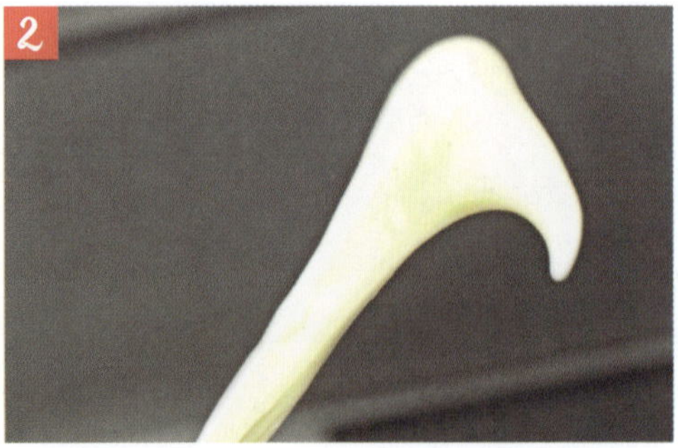

Mescolate fino a totale assorbimento: un cucchiaino immerso ed estratto forma un composto a punta a "becco di uccello".

Imburrate la tortiera.

Versate la massa fino a 2/3 dell'altezza dello stampo.

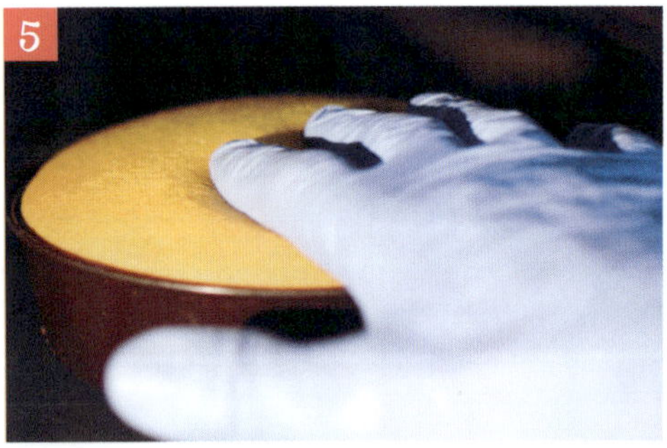

Controllate la cottura.

Se rimangono le impronte, il pan di spagna non è ancora cotto.

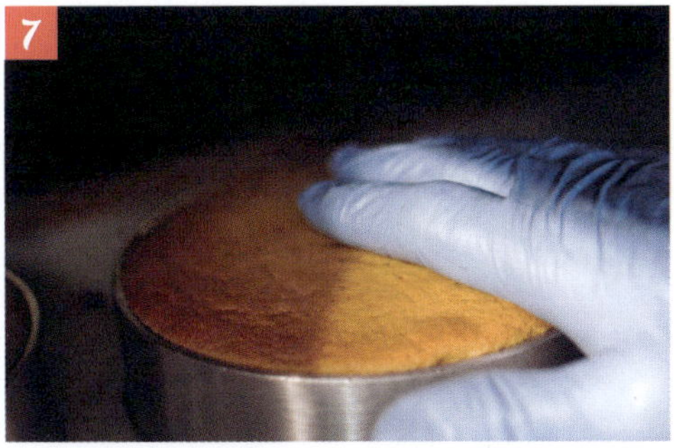

Controllate nuovamente la cottura.

Se premendo con le dita non rimangono le impronte, il pan di spagna è cotto.

Spolverate con zucchero semolato per facilitare il distacco della carta.

Sformate il pan di spagna quando è ancora caldo.

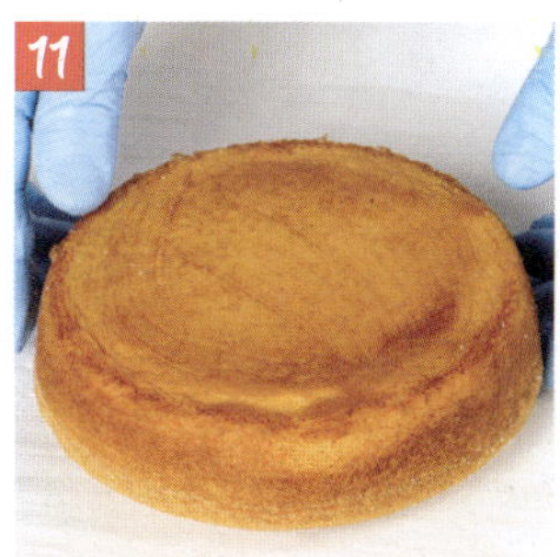

Colorazione ideale del pan di spagna.

Bicchierino zuppa inglese

PER 10 BICCHIERINI

INGREDIENTI

PER LA CREMA INGLESE ALLA VANIGLIA	100 G DI TUORLI	100 G DI ZUCCHERO	1 BACCELLO DI VANIGLIA	300 G DI LATTE	5 G DI GELATINA	150 G DI PANNA MONTATA LUCIDA
PER LA CREMA-MOUSSE AL CIOCCOLATO	70 G DI CIOCCOLATO FONDENTE AL 70% DI MASSA DI CACAO TAGLIATO A PEZZETTINI	150 G DI PANNA MONTATA LUCIDA				
PER IL PAN DI SPAGNA	50 G DI UOVA (1 UOVO)	50 G DI TUORLI (2,5 TUORLI)	50 G DI ZUCCHERO	20 G DI SUCCO DI ARANCIA CALDO	50 G DI FARINA BIANCA 00	15 G DI FECOLA DI PATATE
PER INZUPPARE	100 G DI ACQUA	100 G DI ZUCCHERO	30 G DI ALCHERMES	PER I TRUCIOLI	CIOCCOLATO FONDENTE	

COMPOSIZIONE

Bicchiere di cristallo cilindrico - dischetto di pan di Spagna inzuppato di Alchermes - crema mousse al cioccolato - dischetto di pan di Spagna inzuppato di Alchermes - crema bavarese alla vaniglia - decorazione di riccioli di cioccolato Madagascar

Per la crema inglese alla vaniglia, in una bastardella mescolate con la frusta i tuorli e lo zucchero. Portate a ebollizione il latte e la vaniglia in un tegame antiaderente. Accorpate le due masse e continuate a mescolare con la frusta, portando a cottura alla rosa (82 °C). In alternativa, individuate la cottura osservando il composto: quando incomincia a diventare leggermente denso, la crema è pronta.

Dividete questo quantitativo in due bacinelle: in una, incorporate a metà della crema inglese la gelatina precedentemente ammorbidita in acqua fredda e leggermente strizzata e mescolate. Quando la crema sarà a una temperatura di 28-30 °C, amalgamate la panna montata mescolando delicatamente.

Per la crema al cioccolato, aggiungete alla mezza dose di crema inglese ancora calda il cioccolato fondente tagliato a pezzettini e mescolate con la frusta fino al totale scioglimento. Quando la crema avrà raggiunto i 30-32 °C, unite la panna montata non zuccherata amalgamandola delicatamente con la frusta.

Per il pan di spagna, in una bacinella dal fondo semisferico scaldate a bagnomaria le uova, i tuorli e lo zucchero mescolando in continuazione con la frusta e portate la massa a 50 °C. Montatela quindi con la frusta elettrica oppure in una piccola planetaria con frusta per circa 10 minuti. A due terzi del procedimento, incorporate il succo di arancia caldo continuando a lavorare. La massa è pronta dopo circa 15 minuti totali di lavorazione, quando, immergendo un cucchiaino, estraendolo e posizionandolo in verticale, si forma una punta di composto fine e leggermente curva a becco d'uccello. Setacciate la farina con la fecola su un foglio di carta forno e incorporatele a pioggia con la spatola nella massa montata, mescolando sempre dal basso verso l'alto e disegnando un semicerchio. Cuocete a 180-190 °C per 22 minuti in stampi tradizionali per torte, imburrati e infarinati. Sformate e fate raffreddare il pan di spagna. Tagliatelo a strati di 4 mm e stampate dei dischetti con un tagliapasta della stessa dimensione del bicchiere oppure stampate usando lo stesso bicchiere con cui poi comporrete il dessert.

Per inzuppare: portate a ebollizione in un tegame l'acqua e lo zucchero. Quando lo sciroppo è freddo, aggiungete l'Alchermes e mescolate.

Disponete un dischetto di pan di spagna inzuppato di Alchermes sul fondo del bicchiere, poi con una tasca da pasticciere con bocchetta liscia n. 6 formate uno strato di crema-mousse al cioccolato. Livellate la crema dando dei colpi leggeri sul bordo del bicchiere. Disponete un altro dischetto di pan di spagna inzuppato di Alchermes, poi uno strato di crema bavarese inglese alla vaniglia e livellate ancora. Mettete il bicchiere in frigorifero per 30 minuti per stabilizzare le creme.

Per i trucioli, stendete su un piano di lavoro del cioccolato fondente sciolto e spatolatelo uniformemente fino a ottenere uno strato sottilissimo, quasi trasparente. Per formare dei trucioli di cioccolato leggeri ed eleganti, usate un coltello con lama liscia inclinandolo a 45° e lavorando sempre sulle fasce esterne.

Completate il dessert con i trucioli di cioccolato fondente.

AUTHENTIC ITALIAN
Cupcakes
BAKERY & MORE
FAMILY BAKERS
A TASTE OF REAL FOOD
Authentic Italian
ITALY

Paste mignon cioccolato e pera

INGREDIENTI

PER LA PASTA SABLÉE	140 G DI BURRO	25 G DI FECOLA	125 G DI FARINA DI GRANO TENERO 00	15 G DI UOVA	2 G DI SALE	65 G DI ZUCCHERO A VELO

PER LA FARCIA DI PERE E CIOCCOLATO	75 G DI UVETTA	250 G DI PERE SCIROPPATE A CUBETTI	58 G DI CIOCCOLATO FONDENTE AL 70% A PEZZETTINI	20 G DI BRICIOLE DI PAN DI SPAGNA
30 G DI CONFETTURA DI ALBICOCCHE	3G DI CANNELLA IN POLVERE			

COMPOSIZIONE

Fondo di pasta sablée con bordo cotto parzialmente (2/3) - ripieno di pere e cioccolato alto cm 1,5 steso uniformemente - copertura del dolce con pasta sablée dorata - copertura fino al bordo con cioccolato fondente temperato

Per avere una buona pasta sablée si devono rispettare le regole fondamentali. Ricordate che il burro deve essere morbido ma ancora plastico. Amalgamate la farina, la fecola e il burro, quindi lavorate il tutto senza montare la massa: incorporate lo zucchero, il sale sciolto, le uova o gli albumi, mescolando il meno possibile fino al totale assorbimento per ottenere una pasta omogenea.

Conservate la pasta in frigorifero avvolta nella pellicola per 10-12 ore prima di utilizzarla.

Per la farcitura, sgocciolate le pere dallo sciroppo e tagliatele a dadini. Mescolate tutti gli ingredienti con un cucchiaio per ottenere il ripieno.

Stendete la pasta sablée a uno spessore di 4 mm e rivestite una teglia con i bordi (12 x 12 cm, h 2 cm). Cuocete la pasta parzialmente, fino a 2/3. Distribuite la farcia di pere e cioccolato quasi fino al bordo e ricopritela con un disco di pasta sablée dallo spessore di 2 mm. Bucatela, doratela con l'uovo e tracciate sulla superficie alcune righe incrociate. Cuocete per 30 minuti a 170 °C.

Dopo la cottura conservate il dolce in frigorifero per 10-12 ore prima di tagliarlo a cubetti, per stabilizzarlo e non romperlo.

Sciogliete il cioccolato fondente, riportatelo a 31 °C, intingete il prodotto nel cioccolato e fate sgocciolare.

Nota: la pasta sablée si mantiene fragrante per 15 giorni se conservata in frigorifero da 0 a 4 °C, poi rimane ancora gradevole ma perde parte delle caratteristiche organolettiche. Le migliori cotture per prodotti di piccole dimensioni si ottengono con temperature moderate di 160-170 °C.

Tiramisù

2 TORTE

INGREDIENTI

PER LA CREMA TIRAMISÙ	30 G DI ACQUA	125 G DI ZUCCHERO	100 G DI TUORLI	5 G DI GELATINA IN FOGLI AMMORBIDITA IN ACQUA FREDDA	280 G DI MASCARPONE	
120 G DI PANNA LIQUIDA	120 G DI PANNA MONTATA	PER LA BAGNA AL CAFFÈ	200 G DI ACQUA	150 G DI ZUCCHERO	10 G DI CAFFÈ LIOFILIZZATO	50 G DI LIQUORE AL CAFFÈ
PER I SAVOIARDI	180 G DI TUORLI	60 G DI ZUCCHERO	150 G DI ALBUMI	50 G DI ZUCCHERO	75 G DI FECOLA	75 G DI FARINA BIANCA 00

COMPOSIZIONE

Giro-torta di savoiardi - savoiardi inzuppati nel caffè - crema per tiramisù sul fondo del dolce - savoiardi inzuppati al caffè - crema per tiramisù - spuntoni di crema tiramisù - spolvero di cacao

In un piccolo tegame, possibilmente con beccuccio, scaldate l'acqua con lo zucchero fino a 121 °C. Versate a filo sui tuorli lo sciroppo ottenuto, montandoli con la frusta elettrica o in una piccola planetaria fino a farli intiepidire. Incorporate la gelatina precedentemente ammorbidita in acqua fredda e sciolta a bagnomaria. Montate il mascarpone con la panna liquida e amalgamate le masse unendo anche la panna già montata, sempre mescolando delicatamente con la frusta elettrica.

Per la bagna al caffè: portate a ebollizione l'acqua con lo zucchero in un piccolo tegame, aggiungete il caffè liofilizzato e, a freddo, il liquore. Mescolate.

Per i savoiardi: con la frusta elettrica o la planetaria montate leggermente i tuorli con lo zucchero e con gli eventuali aromi. In un'altra bacinella pulita montate a neve lucida gli albumi con lo zucchero. Amalgamate le due masse mescolando delicatamente con la frusta elettrica e incorporando a pioggia la farina e la fecola già setacciate su un foglio di carta forno.

Metodo alternativo: quando le masse d'uovo sono montate separatamente, con movimento rotatorio e con la frusta elettrica incorporate negli albumi un terzo di tuorli, mescolando delicatamente dal basso verso l'alto. Unite metà di farina e fecola setacciate, aggiungete un altro terzo di tuorli e successivamente il resto di farina e fecola, completando con il tuorlo rimasto. La massa deve presentarsi lucida, soffice e leggera.

Con la tasca da pasticciere dotata di bocchetta liscia n. 8 modellate i bastoncini alti 6 cm allineandoli nella teglia rivestita di carta forno. Cuocete per 10-12 minuti a 210 °C, a valvola aperta, spolverando leggermente di zucchero a velo setacciato la superficie dei savoiardi prima di infornare.

Normalmente i forni da cucina casalinghi non hanno la valvola per scaricare l'eccesso di vapore: per ovviare a questo inconveniente mettete un po' di alluminio tra la bocca del forno e lo sportello per tenerlo leggermente aperto. Create il giro-torta con i savoiardi, quindi disponetene sul fondo uno strato uniforme dopo averli inzuppati con la bagna al caffè. Con una tasca da pasticciere dotata di bocchetta liscia n. 10 formate uno strato di 2 cm di crema per tiramisù, sovrapponete un altro strato uniforme di savoiardi inzuppati al caffè e terminate con la crema per tiramisù. Decorate usando la medesima tasca con bocchetta, creando spuntoni tondi e lisci di crema tiramisù spolverata di cacao.

Mousse al cioccolato

INGREDIENTI

PER IL PAN DI SPAGNA AL CIOCCOLATO	155 G DI TUORLI	75 G DI ZUCCHERO	165 G DI ALBUMI	85 G DI ZUCCHERO	33 G DI FARINA	33 G DI FECOLA	10 G DI CACAO IN POLVERE
70 G DI BURRO SCIOLTO	PER LA CREMA-MOUSSE AL CIOCCOLATO	70 G DI LATTE	70 G DI PANNA	7 G DI TÈ AL BERGAMOTTO	70 G DI TUORLI	16 G DI ZUCCHERO SCIOLTO	
35 G DI MIELE DI ACACIA	165 G DI CIOCCOLATO FONDENTE AL 70-75%	330 G DI PANNA MONTATA					

COMPOSIZIONE

Stampo di silicone modellato - strato di mousse al cioccolato (1,5 cm) - disco di pan di spagna - strato di mousse al cioccolato (1,5 cm) - disco di pan di spagna - passare il dolce in abbattitore finché non si sarà stabilizzato - spruzzarlo con l'apposita bomboletta di cioccolato-burro di cacao - foglia d'oro e panna montata al centro

Per il pan di spagna al cioccolato, montate i tuorli con 75 g di zucchero; montate a neve gli albumi con lo zucchero rimasto (85 g). Amalgamate le due masse. Setacciate due volte la farina, la fecola e il cacao e incorporatele delicatamente a pioggia. Amalgamate il burro sciolto a una temperatura di 40 °C. Cuocete a 180 °C per 20-22 minuti nella tortiera imburrata e infarinata o in un anello dell'altezza di 4 cm. Cuocete a valvola aperta.

Per la crema-mousse al cioccolato, portate a ebollizione il latte e la panna con il tè. Fate riposare per 5 minuti, poi filtrate e versate il tutto sui tuorli montati con lo zucchero e il miele. Cuocete a bagnomaria mescolando in continuazione con la frusta. Quindi amalgamate il cioccolato già sciolto e, quando la massa raggiungerà i 30 °C, incorporate anche la panna montata ancora lucida mescolando delicatamente.

Montate la torta al contrario: posizionate lo stampo di silicone modellato. Riempitelo con uno strato di 1,5 cm di mousse al cioccolato al quale andrà sovrapposto un disco di pan di spagna. Ripetete l'operazione e terminate con uno strato di pan di spagna al cioccolato. Raffreddate il dolce in abbattitore finché non si sarà stabilizzato, quindi spruzzatelo con l'apposita bomboletta di cioccolato-burro di cacao.

Completate con la foglia d'oro e la panna montata al centro.

capitolo tre

Le creme

CREMA CATALANA AL CORIANDOLO

BUDINO AL CIOCCOLATO E VANIGLIA

CHEESECAKE AI MIRTILLI

BICCHIERINO DI CREMA CIOCCOLATO-VANIGLIA

GELATO ALLA CREMA DI CAFFÈ

LE CREME SI DIVIDONO IN

Esistono quattro procedimenti base:

- creme a base di latte o altri liquidi (per esempio crema pasticcera)
- creme a base di burro con aggiunta di crema pasticcera
- crema pasticcera con aggiunta di panna montata (creme-mousse, bavarese, chantilly all'italiana)

CHE COS'È LA CREMA PASTICCERA

In pasticceria attualmente la crema per antonomasia è la crema pasticcera. Alla sua famiglia appartengono anche la crema inglese, il crème caramel, il budino, il bônet (di origine piemontese), la crema rovesciata di origine francese (*crème renversée*) e le loro variazioni sul tema. A volte l'addensante è costituito da amidi o farina, altre volte dalle uova. Esiste poi una terza famiglia di creme il cui addensante è costituito dalla panna o dalla gelatina. Alcune di queste creme hanno dato origine a diversi dessert: per esempio, dai budini sembra sia nata la famiglia delle creme bavaresi, la cui base è costituita appunto da latte, zucchero, aromi, tuorli, amidi.

LE PROPRIETÀ DI UNA BUONA CREMA PASTICCERA

Una buona crema pasticcera deve essere liscia, lucida, di media consistenza, con un buon profumo di vaniglia e limone anche se, ovviamente, esistono creme dure che sono legate alla tipologia e tradizione del territorio e alle realtà commerciali locali. La crema non deve opporre resistenza sul palato. L'aroma della vaniglia e della scorza di limone deve essere di facile lettura e, insieme al sentore di latte fresco, deve produrre un mix piacevole ed elegante con il gusto degli amidi poco percepibile.
Spesso nella crema pasticcera si analizza la struttura, l'aspetto visivo e un po' meno l'aspetto organolettico. Cuocendola eccessivamente si può arrivare alla degradazione delle proteine con alterazione dei gusti aromatici. Le proteine dell'uovo si presentano a gomitolo e trattengono l'acqua. Con il calore si svolgono, diventano rigide e l'acqua si separa dalla parte proteica: sentiremo quindi odore di uovo.

BASE DI CALCOLO

La base di calcolo delle ricette è costituita dal liquido: zucchero e addensante sono variabili, secondo l'utilizzo.

PER UNA DENSITÀ MEDIA

INGREDIENTI

80-200 g di tuorli
150-200 g di zucchero
80-100 g di amido

PER UNA DENSITÀ MORBIDA E RICCA

INGREDIENTI

300-600 g di tuorli
150-250 g di zucchero
40-60 g di amido

PER UNA DENSITÀ SOSTENUTA

INGREDIENTI

80-120 g di tuorli
180-600 g di zucchero
150-300 g di amido

CREMA PASTICCERA LEGGERA

INGREDIENTI

100-150 g di tuorli
200-300 g di zucchero
60-100 g di amido

CREMA PASTICCERA BASE

INGREDIENTI

180 g di tuorli (9 tuorli)
125 g di zucchero
40 g di amido di riso
500 g di latte intero di alta qualità
1 baccello di vaniglia Bourbon Madagascar
la scorza grattugiata di mezzo limone

PROCEDIMENTO

Portate a ebollizione in un tegame il latte, la vaniglia e la scorza di limone (solo la parte gialla). A parte, mescolate con la frusta i tuorli, lo zucchero e l'amido di riso. Una volta raggiunta l'ebollizione, filtrate il latte e incorporatelo ancora bollente nella massa appena ottenuta. Cuocete il tutto un tegame antiaderente mescolando in continuazione con la frusta, possibilmente a bagnomaria (o usate una pentola di rame). Togliete la crema dal fuoco non appena si addensa. Raffreddatela velocemente versandola in un tegame freddo, preferibilmente tolto dal congelatore, e continuate a mescolare finché non raggiungerà i 50 °C (l'ideale è 10 °C).
Dato che l'uovo inizia a coagulare a 52 °C e termina la sua coagulazione a 67 °C, la crema pasticcera è un prodotto dalla cottura molto delicata: non andate oltre (indicativamente la cottura della crema non deve superare gli 82-86 °C per non far sentire quel gusto di uovo fresco, quello che in gergo si chiama "freschino"). Una volta che la crema è cotta, raffreddatela subito (almeno fino a 50 °C), per non farla diventare granulosa. Deve però rimanere lucida: potete mettere il recipiente in frigorifero o, ancora meglio, nel congelatore.
Più elevato è il numero dei tuorli nel latte, più la crema cuocerà in fretta e a bassa temperatura. Quando la crema sarà pronta, per evitare la formazione della pellicina basterà cospargerla leggermente di zucchero semolato e metterla in frigorifero per 5 minuti. Lo zuccherò attirerà a sé l'acqua, bagnando la superficie ed evitando l'inconveniente.

CREMA PASTICCERA AL CIOCCOLATO

INGREDIENTI

500 g di latte fresco
100 g di panna
90 g di tuorli
30 g di amido di riso
75 g di zucchero
210 g di cioccolato fondente al 70%
100 g di burro (facoltativo)

PROCEDIMENTO

Portate a ebollizione in un tegame il latte e panna; contemporaneamente mescolate con la frusta tuorli, amido di riso e zucchero. Versate sul composto il latte e la panna bollenti continuando a mescolare. Cuocete a bagnomaria o sul fuoco, mescolando in continuazione, fino a quando la crema non si addensa. Appena cotta, versatela sul cioccolato fondente tagliato a pezzettini. Mescolate fino a quando questo non si sarà sciolto completamente. Se desiderate ottenere una crema più morbida e lucida, incorporate il burro mescolando con energia, oppure mixatela per un minuto. Raffreddatela velocemente a 4 °C per evitare la proliferazione della carica batterica: si conserva a 3 °C. Se utilizzate le apposite macchine cuoci-crema, seguite le istruzioni dell'apparecchio. Per ottenere un gusto intenso di cioccolato, esistono ricette che non prevedono le uova. Tutti i grassi sono isolanti e le proteine deviano gli aromi: nella degustazione, quindi, fanno percepire sapori e gusti aromatici più morbidi e meno aggressivi. Questa crema è ottima se consumata entro due giorni.

Italian
Iginio

step by step

La crema pasticcera

Versate il latte in un pentolino, grattugiate la scorza di limone e portate a ebollizione.

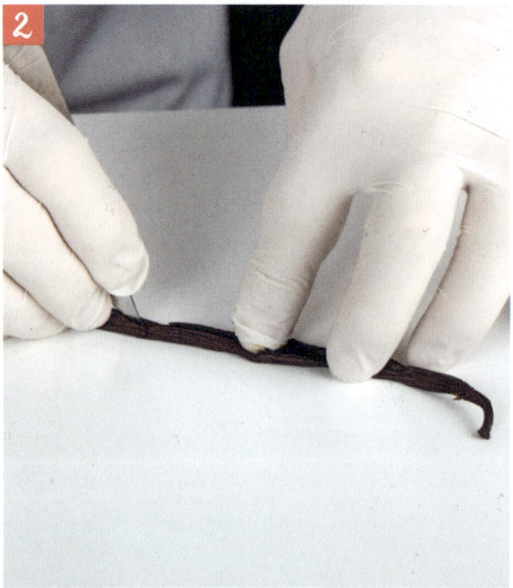

Incidete il baccello di vaniglia e mettete i semi nel latte.

Mettete lo zucchero in una bacinella.

Unite i tuorli.

Incorporate l'amido
e mescolate.

Versate il latte
bollente mescolando
continuamente.

Cuocete a bagnomaria.

Proseguite fino a raggiungere la consistenza desiderata e raffreddate immediatamente.

Crema catalana al coriandolo

INGREDIENTI

300 G DI PANNA	200 G DI LATTE INTERO	CORIANDOLO	CANNELLA	100 G DI TUORLI	100 G DI ZUCCHERO SEMOLATO	10 G DI AMIDO DI RISO
15 G DI SCORZE DI LIMONE SEMICANDITE	7 G DI GELATINA IN FOGLI AMMORBIDITA IN ACQUA FREDDA	ZUCCHERO SEMOLATO PER CARAMELLARE	FRAGOLE PER DECORARE			

COMPOSIZIONE

Piccola pirofila bassa - crema - cottura della crema - zucchero per caramellare - frollini a piacere

In un tegame portate a 80 °C la panna e il latte e mettete in infusione il coriandolo e la cannella. Nel frattempo miscelate tuorli, zucchero, amido di riso e scorze di limone semicandite e tagliate a fili sottili. Filtrate il liquido sulla miscela e cuocete a 85 °C; aggiungete immediatamente la gelatina ammorbidita e strizzata e mescolate con la frusta per scioglierla uniformemente; lasciate addensare, filtrate e versate il tutto negli appositi stampi.

Fate raffreddare la crema in frigorifero; toglietela al momento di servire, cospargetela di zucchero semolato e passatela alla fiamma con il cannello; ripetete ancora una volta l'operazione, fino a ottenere un bel caramello di colore nocciola scuro in superficie.

Budino al cioccolato e vaniglia

INGREDIENTI

1 L DI LATTE INTERO	1 BACCELLO DI VANIGLIA	140 G DI TUORLI	80 G DI AMIDO DI MAIS	150 G DI ZUCCHERO	10 G DI GELATINA IN FOGLI AMMORBIDITA IN ACQUA FREDDA
60 G DI CIOCCOLATO FONDENTE	10 G DI BURRO SCIOLTO	20 G DI ZUCCHERO SEMOLATO PER LO STAMPO			

COMPOSIZIONE

Stampo per budino imburrato e spolverato di zucchero - crema budino alla vaniglia - crema budino al cioccolato - biscotti sbriciolati distribuiti uniformemente - estrazione del budino - decorazione

Versate il latte in un tegame, aggiungete i semi di vaniglia (ottenuti incidendo longitudinalmente il baccello e raschiando l'interno) e portate a ebollizione. Spegnete il fuoco e filtrate il liquido con un colino. Versate i tuorli in un tegame antiaderente, aggiungete l'amido di mais e lo zucchero; mescolate con la frusta finché il composto non diventa omogeneo.

Versate il latte bollente nel tegame senza smettere di mescolare fino a quando il budino non inizierà ad addensarsi. Toglietelo dal fuoco, incorporate la gelatina ammorbidita e mescolate bene.

Versate metà del budino alla vaniglia nell'apposito stampo imburrato e spolverato di zucchero, aggiungete nella metà di crema bollente rimasta 60 g di cioccolato fondente frantumato e mescolate bene con la frusta per ottenere una crema al cioccolato omogenea. Versatela sulla crema alla vaniglia e fate raffreddare in frigorifero per almeno 3 ore.

Decorate con frutta fresca o secca e ciuffetti di panna montata, accompagnando con biscotti secchi.

Nota: spennellate con il burro fuso l'interno di uno stampo grande per budino e spolverate le pareti con lo zucchero semolato. In questo modo il budino raffreddato si estrarrà più facilmente perché lo zucchero attaccato allo stampo si scioglierà, formando uno sciroppo.

Cheesecake ai mirtilli

INGREDIENTI

PER LA FROLLA MAGRA	100 G DI BURRO	100 G DI ZUCCHERO A VELO	LA SCORZA GRATTUGIATA DI 1 ARANCIA	LA SCORZA GRATTUGIATA DI 1 LIMONE (SOLO LA PARTE GIALLA)

5 G DI VANIGLIA IN POLVERE	90 G DI UOVA	200 G DI FARINA	120 G DI FECOLA	2 G DI LIEVITO IN POLVERE	PER LA CREMA AL FORMAGGIO	600 G DI CREAM CHEESE

150 G DI ZUCCHERO A VELO	130 G DI UOVA	10 G DI SUCCO DI LIMONE	10 G DI ESTRATTO DI VANIGLIA NATURALE

COMPOSIZIONE

Biscotti sbriciolati e schiacciati con un cucchiaio sul fondo dell'anello imburrato - strato di crema di formaggio di 3,5 cm - zucchero a velo - decorazione con mirtilli

Nella bacinella di una planetaria con lo scudo mettete il burro, lo zucchero, gli aromi e amalgamate il tutto senza montare. Aggiungete le uova e il sale e, quando la massa burrosa sarà uniforme, incorporate anche la farina, la fecola e il lievito setacciati, lavorando poco, solo finché la farina non sarà completamente amalgamata. Questo tipo d'impasto con quantità ridotte di burro e zucchero permette comunque di ottenere una buona friabilità incorporando 10 g in più di lievito in polvere (cioè 20 g in totale).

Preparate i biscotti della forma desiderata, alti 2 mm, e cuocete a 170°C fino ad avere un bel colore nocciola chiaro. Controllate bene la cottura perché questa frolla tende a rimanere chiara.

Per la crema al formaggio, lavorate nel mixer il formaggio con lo zucchero, aggiungete le uova in 3-4 volte e incorporate il succo di limone e la vaniglia.

Predisponete degli stampi in silicone o anelli di acciaio imburrati appoggiati su un foglio di silicone posizionato in una teglia. Distribuite sul fondo i biscotti secchi ridotti in briciole mescolati con il 20% di burro sciolto. Premeteli bene sul fondo per formare uno strato sottile di 3 mm, aggiungete la crema al formaggio fino a due terzi abbondanti dell'altezza dell'anello. Cuocete a bagnomaria o in un forno a vapore alla temperatura di 160°C. Per torte di grande dimensione la cottura sarà di 45-55 minuti. Fate raffreddare, capovolgete il dolce per avere una superficie regolare e conservate in abbattitore ricoperto di pellicola.

Decorate con i mirtilli.

Nota: questo tipo di frolla è adatto per realizzare prodotti di media conservazione. Conservate la pasta in frigorifero avvolta nella pellicola per 10-12 ore prima di utilizzarla. Meglio quindi prepararla il giorno prima.

Bicchierino di crema cioccolato-vaniglia

CIRCA 10 BICCHIERINI

INGREDIENTI

PER LA CREMA BASE ALLA VANIGLIA	120 G DI TUORLI	40 G DI ZUCCHERO	10 G DI AMIDO DI RISO	160 G DI LATTE	160 G DI PANNA	1 BACCELLO DI VANIGLIA
PER LA CREMA-MOUSSE AL CIOCCOLATO	MEZZA DOSE DI CREMA ALLA VANIGLIA	60 G DI CIOCCOLATO FONDENTE AL 70%	160 G DI PANNA MONTATA			
PER IL CROCCANTE	50 G DI GLUCOSIO	50 G DI ZUCCHERO	50 G DI MANDORLE AFFETTATE, TOSTATE E CALDE			
PER LA CREMA BAVARESE ALLA VANIGLIA	3 G DI GELATINA IN FOGLI AMMORBIDITA IN ACQUA BOLLENTE	MEZZA DOSE DI CREMA ALLA VANIGLIA	160 G DI PANNA MONTATA			
PER DECORARE	GELATINA DI LAMPONE	FRUTTI DI BOSCO				

COMPOSIZIONE

Crema-mousse al cioccolato - croccante a pezzettini - crema bavarese alla vaniglia - decorazione con frutti di bosco

Mescolate i tuorli con lo zucchero e l'amido di riso. Portate a ebollizione il latte con la panna e la vaniglia. Successivamente incorporate le due masse e portate a 82 °C. Quando la crema è pronta, dividetela in due dosi.

Per la crema-mousse al cioccolato, incorporate la crema alla vaniglia calda al cioccolato fondente tagliato a pezzettini; quando ha raggiunto i 28 °C, unite la panna montata.

Per il croccante, mettete in un tegame il glucosio e lo zucchero e cuocete mescolando lentamente con un cucchiaio di legno. Una volta raggiunta una colorazione nocciola, unite le mandorle affettate, tostate e calde, mescolate e stendete la massa bollente tra due fogli di carta forno. Appiattite la massa fino a 2-3 mm aiutandovi con un matterello e, una volta raffreddata, frantumatela.

Per la crema bavarese alla vaniglia, aggiungete la gelatina alla crema vaniglia calda mescolando con la frusta e, una volta raggiunti i 28 °C, incorporate delicatamente la panna montata.

Versate uno strato di crema-mousse al cioccolato nel bicchierino, sovrapponete uno strato di croccante sbriciolato e aggiungete uno strato di crema bavarese alla vaniglia.

Decorate con gelatina di lampone e frutti di bosco.

Gelato alla crema di caffè

INGREDIENTI

400 G DI LATTE	15 G DI CAFFÈ IN GRANI	5 G DI CAFFÈ LIOFILIZZATO	100 G DI PANNA	50 G DI TUORLI	110 G DI ZUCCHERO	25 G DI DESTROSIO
2 G DI NEUTRO A CALDO (FARINA DI CARRUBE)	25 G DI BURRO	30 G DI SCAGLIE DI CIOCCOLATO FONDENTE				

In una pentola portate a ebollizione il latte e il caffè in grani, incorporate il caffè liofilizzato e la panna, mescolate con la frusta e filtrate con un colino a maglia fine. Nel frattempo in un altro pentolino mescolate i tuorli, lo zucchero, il destrosio, il neutro, versateci sopra il composto con il latte ancora bollente e cuocete fino quando la preparazione incomincia ad addensarsi leggermente, a 82 °C.

Togliete la crema dalla fonte di calore e incorporate il burro. Lavorate il composto per 3 minuti con la frusta o nel mixer per rendere la crema molto fine e amalgamare bene il burro. Conservate la preparazione in frigorifero coperta con la pellicola per 10-12 ore, poi, trasferitela nel mantecatore. Quando il gelato è quasi pronto, cioè si è addensato, incorporate le scagliette di cioccolato.

Preferibilmente servite subito, oppure conservate il gelato nel congelatore.

Il gelato è un prodotto che invecchia precocemente, la massima espressione del suo gusto si esprime quando è freschissimo, cioè appena mantecato.

capitolo quattro

Le masse al burro

PLUM CAKE ALL'UVETTA

CAKE AL LIMONE CON MANDORLE

PAN MEINI

BISCOTTI ALL'UOVO E ALL'OLIO D'OLIVA

CHE COSA SONO LE MASSE AL BURRO

Le masse al burro montate sono quelle che si presentano nella loro lavorazione sotto forma di burro schiumoso e cremoso e, nella maggior parte delle ricette, anche voluminoso. Nella forma più semplice sono costituite inizialmente da due materie prime di base: burro e zucchero.
Se vogliamo approfondire questa lavorazione e vogliamo ottenere una crema al burro più elegante e leggera, dobbiamo incorporare anche le uova, con varie tecniche. Queste donano al prodotto leggerezza ed eleganza nel gusto.
Fino al momento in cui si incorporano le uova, la tecnica di lavorazione delle masse al burro è in linea con quella della crema al burro, ma per cuocere e consolidare il grasso nella sua formazione vaporosa serve una materia prima di sostegno, la farina, che può essere sostituita parzialmente con amidi, fino al 50%, con frutta secca macinata finemente oppure con prodotti o sostituti della famiglia del cacao.
Nelle lavorazioni tradizionali in una massa montata al burro si utilizzano sempre le quattro materie prime di base: burro, zucchero, uova e farina, ma esistono variazioni a centinaia, grazie all'uso di materie prime complementari e alla diversificazione nei pesi. A determinare la leggerezza e la tipologia di un prodotto di questo tipo non è solo la quantità degli ingredienti, ma anche la metodologia utilizzata.

Le quattro materie prime di base sono quindi grassi e zuccheri (che formano qualità di base), uova e farina (che formano struttura di base).

- Grassi: per lo più burro. Ha la capacità d'emulsionare, dà morbidezza e umidità. Per avere un prodotto piatto e non bombato il burro va chiarificato e montato al massimo.
- Zucchero: cristallino, a velo, grezzo, glucosio, invertito. Glucosio e invertito possono sostituire il saccarosio fino al 10% del peso. Aumenteranno la durata della conservazione e la morbidezza.
- Farina: dev'essere povera di glutine, dà struttura in fase di cottura. Può essere sostituita fino al 50% con amido:
  - fecola di patate, che dà pesantezza alla struttura;
  - amido di mais, che dà secchezza;
  - amido di frumento, che dà leggerezza;
  - amido di riso, che dà elasticità.

  Gli amidi stabilizzano la massa: questo avviene quando si incorpora aria al burro e si fa stazionare il prodotto in frigorifero.
- Uova: servono da base di calcolo per gli altri ingredienti. Possono essere sostituite parzialmente da latte, albumi, tuorli o altri liquidi. L'eccesso di tuorli darà però prodotti pesanti. Quando vengono incorporati nella massa i liquidi devono avere una temperatura di 24-26 °C per non far separare la massa stessa.

La tipologia e la leggerezza del prodotto saranno dettate dalla metodologia utilizzata, oltre che dalla quantità degli ingredienti.

Per la base di calcolo si parte dalla ricetta in cui gli ingredienti hanno lo stesso peso.

MASSE PESANTI

INGREDIENTI

50 g di uova
50 g di burro
50 g di zucchero
50 g di farina

MASSE MEDIE

INGREDIENTI

50 g di uova
40 g di burro
40 g di zucchero
40 g di farina

MASSE LEGGERE

INGREDIENTI

50 g di uova
30 g di burro
50 g di zucchero
30 g di farina

Per la massa pesante nello stampo da plum cake: prolungate la cottura, mettete sulle pareti dello stampo lo zucchero semolato in modo da attirare l'acqua all'esterno e far cuocere il plum cake al centro.

Si posso avere due strutture diverse di masse al burro:

- Dolci senza protuberanza: hanno pari dosi di uova, burro, zucchero e farina amalgamati con leggerezza.

- Dolci con protuberanza al centro: lavorazione intensiva per sviluppare parzialmente il glutine.

Aumentate la quantità di farina e utilizzate il lievito in polvere per incrementare il volume.
In questo caso fate riposare per almeno 12 ore in frigorifero, per la formazione del glutine.

Per la preparazione ci sono 4 procedimenti:

- Si monta a schiuma il burro in planetaria con lo scudo a media velocità con una parte dello zucchero e si incorpora solo il tuorlo poco per volta. L'albume è montato a neve con lo zucchero rimasto. Questo è il metodo produttivo tradizionale, il più usato, allo stesso tempo anche il più corretto per ottenere una massa di peso medio e dolci regolari.

- Si monta a schiuma il burro in planetaria con lo scudo a media velocità con lo zucchero fino a raggiungere una consistenza cremosa; s'incorporano a poco a poco le uova, infine si amalgama la farina con gli altri ingredienti rimasti. Incorporando le uova (ovvero il liquido), la massa non deve separarsi, diventare granulosa e perdere l'emulsione, altrimenti l'aria già inglobata fuoriesce in parte e la capacità di emulsione della miscela di burro-zucchero viene limitata. Alla fine il dolce diventa pesante e gommoso. Con questo metodo la tipologia del dolce è legata al volume del grasso; se leggero si evita di incorporare i prodotti in sospensione, perché precipitano sul fondo in fase di cottura.

- Nelle masse tipo pasta Margherita, la farina è in parte sostituita dalla fecola di patate (fino al 50%). Il burro è mescolato a schiuma con la fecola e farina. Con l'aggiunta di uova le particelle di amido e di farina non possono assorbire umidità e la massa conserva una struttura corta. Le uova sono scaldate leggermente con lo zucchero fino a ottenere la liquefazione dei cristalli di zucchero, quindi vengono montate e la schiuma d'uova stabilizzata. Se una massa deve risultare più voluminosa, in questo procedimento produttivo il tuorlo e l'albume possono essere montati separatamente con la metà dello zucchero. Per ottenere una massa corretta, se il tuorlo viene montato è incorporato prima dell'albume montato a neve.

- Esistono particolari sostanze emulsionanti per montare masse al burro: queste sostanze facilitano l'applicazione del procedimento, diminuendo il tempo di esecuzione della ricetta. Il dosaggio ideale per ogni tipo di prodotto è indicato dal produttore (emulsionanti).

step by step

Le masse al burro

Versate lo zucchero a velo nella bacinella della planetaria.

Incorporate il burro morbido.

Unite la scorza grattugiata del limone.

Aggiungete la vaniglia.

Montate.

Salate le uova.

Versatele a filo nella bacinella della planetaria.

Mettete la farina in una ciotola.

Unite la fecola di patate.

Aggiungete il lievito in polvere.

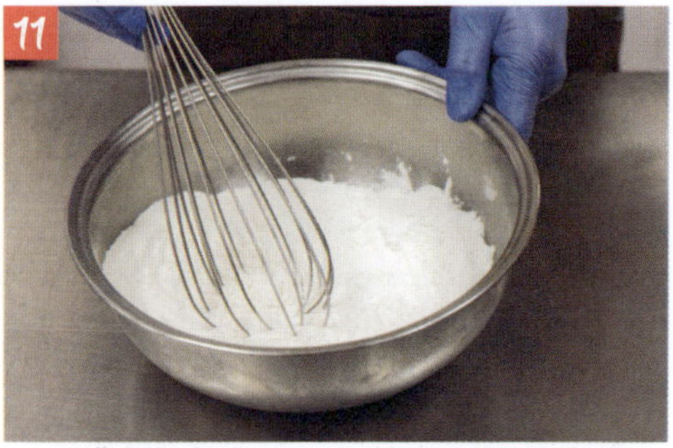

Mescolate il tutto.

Setacciate.

Incorporate alla massa montata.

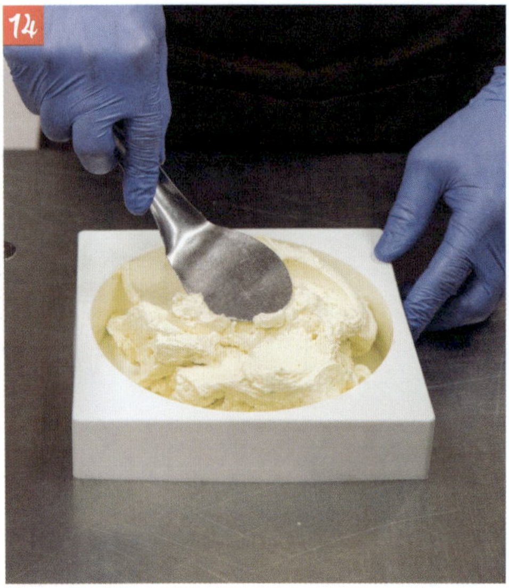

Versate in uno stampo e stendete.

Cuocete in forno a 170 °C
per 20 minuti circa.

La torta è cotta.

Spolverate di zucchero a velo vanigliato.

Prodotto finito.

Plum cake all'uvetta

INGREDIENTI

200 G DI BURRO	100 G DI CONFETTURA DI ALBICOCCHE	65 G DI ZUCCHERO	2 G DI CANNELLA	LA SCORZA DI MEZZO LIMONE	80 G DI TUORLI	75 G DI LATTE
25 G DI LIQUORE ALLA VANIGLIA A 50°	150 G DI FARINA	50 G DI AMIDO DI RISO	4 G DI BAKING (LIEVITO IN POLVERE)	120 G DI ALBUMI	65 G DI ZUCCHERO	150 G DI UVETTA
PER LO SCIROPPO AL LIMONE	LA SCORZA GRATTUGIATA DI 2 LIMONI (SOLO LA PARTE GIALLA)	100 G DI ACQUA	150 G DI ZUCCHERO	50 G DI SUCCO DI LIMONE		

COMPOSIZIONE

Stampi piccoli per plum cake - massa per plum cake - taglio con un tarocco rivestito di burro sciolto su entrambi i lati

Montate il burro nella planetaria con lo scudo a 24-26 °C con la confettura, lo zucchero e gli aromi. Aggiungete i liquidi alternandoli alle polveri setacciate per due volte. Montate a neve l'albume con lo zucchero nella planetaria o con la frusta. Amalgamate la meringa alla massa al burro con l'uvetta usando un cucchiaio a spatola. Distribuite 80 g di massa negli stampini appositi per plum cake.

Cuocete a 200 °C per 16 minuti (7 minuti a valvola aperta e 8 minuti a valvola chiusa).

Per lo sciroppo di limone, portate a ebollizione per 15 secondi le scorze di limone, l'acqua e lo zucchero. Quando lo sciroppo è freddo incorporate il succo di limone. Spennellate per due volte il cake ancora caldo.

Cake al limone con mandorle

3 TORTE

INGREDIENTI

270 G DI BURRO	125 G DI ZUCCHERO PILÈ	100 G DI MIELE DI ACACIA	23 G DI SCORZE DI LIMONE	2 G DI SALE	300 G DI UOVA	225 G DI FARINA BIANCA 00	7 G DI LIEVITO IN POLVERE

75 G DI MANDORLE BIANCHE A BASTONCINO	150 G DI PASTA DI MANDORLE 1:1	PER LA GLASSA BIANCA	200 G DI CIOCCOLATO BIANCO	100 G DI BURRO DI CACAO	100 G DI GRANELLA DI PISTACCHIO

Montate a media velocità in planetaria con lo scudo il burro con lo zucchero e il miele, aggiungete le scorze di limone grattugiate (solo la parte gialla) e il sale. Unite progressivamente le uova alternandole alla farina e al lievito setacciati due volte. Disponete uniformemente le mandorle a bastoncino sul fondo di un pirottino da cottura abbondantemente imburrato e conservate nel congelatore. Riempite il pirottino fino a 1/3 con la massa per plum cake e mettetelo nell'abbattitore per 5 minuti per stabilizzare il prodotto.

Stendete la pasta di mandorle a circa 4 mm. Completate con la massa per plum cake rimanente, riempiendo il pirottino fino a 2/3 abbondanti. Cuocete per 35 minuti a 190 °C con valvola aperta.

Per la glassa bianca, sciogliete il cioccolato bianco e il burro di cacao e temperate a 27 °C. Incorporate la granella di pistacchio. Il trancio del dolce raffreddato va immerso totalmente nella glassa senza sporcare i bordi della parte bassa.

Questo è un buon prodotto compatto e morbido adatto per il tè; si conserva per 10-15 giorni a 4 °C avvolto nella pellicola o in una scatola di acetato.

Pan meini

DOSE PER 10 PAN MEINI DA 40 G

INGREDIENTI

170 G DI BURRO FRESCO	170 G DI ZUCCHERO A VELO	LA SCORZA GRATTUGIATA DI MEZZO LIMONE	1 BACCELLO DI VANIGLIA	170 G DI FARINA BIANCA 00 (DEBOLE)	4 G DI LIEVITO IN POLVERE
170 G DI FARINA GIALLA FIORETTO	110 G DI UOVA	40 G DI TUORLI	FIORI DI SAMBUCO	ZUCCHERO A VELO	

Nella planetaria con lo scudo mescolate il burro morbido con lo zucchero a velo, la scorza di limone (solo la parte gialla) e i semi del baccello di vaniglia. Mentre il composto monta, setacciate la farina bianca con il lievito. Intanto che l'impasto si amalgama aggiungete la farina gialla e il 20% delle uova. Unite ai tuorli le restanti uova e incorporatele progressivamente, alternandole alle polveri precedentemente setacciate. Con una tasca da pasticciere dotata di bocchetta liscia n. 8 modellate su una teglia rivestita di carta forno o di un foglio di Silpav alcune semisfere di massa montata dal peso di 40 g circa e battete la teglia sul piano di lavoro per appiattirle leggermente.

Aggiungete un pizzico di fiori di sambuco e spolverate con abbondante zucchero a velo. Cuocete in forno a 190°C per 15 minuti, con valvola aperta. Nel forno di casa potete imitare la valvola con una pallina di alluminio inserita tra lo sportello e la bocca del forno, per lasciare fuoriuscire il vapore.

Il prodotto cotto presenterà un bel colore dorato e screpolature sulla superficie.

I pan meini si conservano per 15 giorni in una scatola ermetica e in luogo fresco, oppure in un sacchetto per congelazione ben chiuso. Accompagnateli con panna liquida non zuccherata.

Biscotti all'uovo e all'olio d'oliva

INGREDIENTI

200 G DI UOVA	50 G DI TUORLI	250 G DI ZUCCHERO	LA SCORZA GRATTUGIATA DI 1 LIMONE	50 G DI OLIO D'OLIVA	250 G DI FARINA BIANCA 00

In una bastardella con la frusta elettrica, o nella planetaria dotata di frusta, montate le uova, i tuorli, lo zucchero e la scorza di limone (solo la parte gialla) per circa 12-13 minuti a velocità media. Incorporate l'olio d'oliva mescolando delicatamente con un cucchiaio a spatola. Setacciate la farina bianca su un foglio di carta e amalgamatela a pioggia mescolando delicatamente con un cucchiaio a spatola, eseguendo movimenti semicircolari dal basso verso l'alto. La massa deve presentarsi lucida e soffice.

Con una tasca da pasticciere dotata di bocchetta liscia n. 8 modellate in una teglia rivestita di carta forno i biscotti del diametro di 3 cm e spolverateli coprendoli totalmente di zucchero semolato. Togliete lo zucchero in eccesso inclinando la teglia e scuotendola. Fate riposare per un'ora finché sulla superficie non si forma una crosticina. Cuocete a 200 °C con valvola aperta per 6 minuti: il biscotto si presenterà di un bel colore dorato chiaro e con un piedino alla base.

È il biscotto ideale da intingere in un buon vino passito.

Si conserva fragrante per 30 giorni in un contenitore ermetico.

capitolo cinque

I bignè

BIGNOLATA

PARIS-BREST

IL BIGNÈ E LA SUA TECNICA

Il bignè (pasta per *choux*), dal francese *beignet*, è una piccola preparazione di forma tondeggiante o allungata (*éclair*) solitamente farcita con creme dolci.
La pasta per bignè ideale è formata da un impasto lucido, omogeneo e di media densità, scorrevole sul cucchiaio quel tanto che basta per formare un triangolo sufficientemente lungo senza interruzioni sui lati e ben disegnato. I bignè vanno modellati nella teglia e una volta formati e cotti devono presentarsi uguali, con un involucro sottile, leggero, umido, resistente alle farciture con creme e uniformi all'esterno per essere manipolati e glassati in modo omogeneo.
I bignè sono preparati per contenere ripieni dolci o salati e quindi le farciture possono essere di consistenza semiliquida, cremosa o densa. I bignè, se composti con quantità elevate di grassi, si possono utilizzare anche come biscotti o stuzzichini salati.

Il bignè è composto da:

- liquidi: acqua o latte o vino bianco, brodo, caffè ecc. (più acqua c'è, maggiore è lo sviluppo);
- grassi: burro, oli, grassi anidri, strutto;
- farina: non deve essere né troppo forte né troppo debole. Farine troppo forti danno grande sviluppo ma non uniforme. Devono essere ricche di amidi e parzialmente povere di proteine;
- sale: da 10 a 20 g per kg di farina;
- zucchero: facoltativo, dà più colore; al massimo 20 g per kg di farina (lega l'acqua e il bignè avrà più morbidezza);
- lieviti chimici: baking o ammoniaca facoltativi, dipende dalla quantità di grassi, da 0,5 a 1%;
- uova: danno struttura alla massa e sono insostituibili. Solo albumi o uova intere o parte di uova intere e parte di albumi (mai solo tuorli perché in questo caso ci sarebbe poca acqua libera a disposizione per lo sviluppo del prodotto).

Il prodotto normalmente si sviluppa tramite la formazione del gel che è creato dagli amidi della farina nella cottura della massa grezza (polenta). Più la massa della pasta incorpora acqua, più il prodotto, a contatto con il calore, si svilupperà. Il volume è determinato dalla trasformazione dell'acqua in vapore, mentre l'effetto del calore sull'amido gelatinizzato è la produzione di un film di glutine. L'albume non coagulato, grazie alla sua estensibilità, trattiene l'aria e il vapore, provocando in fase di cottura il caratteristico vuoto all'interno del bignè. L'emulsione uova-grasso formerà una barriera per il vapore.

I bignè si sviluppano per:

- gelificazione degli amidi (il gel forma un reticolo).
- reticolo di glutine (se tolgo il glutine, il bignè non sviluppa).
- pellicola proteica dell'albume (si sviluppa fino a 95 °C).

Più il bignè è grande e meno si sviluppa.

LA PREPARAZIONE

INGREDIENTI

200 g di burro
300 g di acqua
200 g di latte
6 g di sale
10 g di zucchero
300 g di farina 0
480 g di uova

PROCEDIMENTO

Mettete in un pentolino il burro con l'acqua e il latte; salate e zuccherate. Portate a ebollizione in modo da sciogliere completamente il burro. Raggiunta l'ebollizione, unite tutta in una volta la farina setacciata; mescolate in modo da eliminare gli eventuali grumi e cuocete per circa 2 minuti finché la massa non si stacca totalmente dalle pareti.

Unite progressivamente le uova: il composto deve assorbire completamente ogni uovo prima di aggiungere quello successivo, procedimento indispensabile per favorire la formazione di una struttura omogenea del bignè; quando l'impasto è pronto rimane attaccato al cucchiaio e, colando, forma un triangolo regolare. Trasferite la pasta in una tasca da pasticciere con bocchetta liscia n. 10 e formate i bignè, distanziandoli 2 cm uno dall'altro, in una teglia teflonata o rivestita con un foglio di carta forno. Infornate a 180 °C per 12 minuti circa per i bignè piccoli, a valvola aperta: per il forno di casa, basterà mettere una pallina di alluminio tra lo sportello e la bocca del forno, in modo da far uscire il vapore che si formerà in eccesso, permettendo la cottura perfetta dei bignè.

CONSIGLI

Bagnate un quadrato di carta assorbente, strizzatelo un po' e posatelo delicatamente sui bignè crudi: inumidendo la superficie dei bignè, questi rimarranno più morbidi e si svilupperanno meglio in cottura. Per una buona riuscita non bisogna sottovalutare le caratteristiche dei forni e delle teglie in fase di cottura. Cuocendoli in forno in una teglia di ferro di colore nero, verde o blu leggermente unta, i bignè tenderanno a espandersi lievemente.

L'equilibrio dell'impasto è un fattore critico per lo sviluppo del volume del bignè: deve essere il più soffice possibile, ma senza perdere in termini di consistenza. Se l'impasto è troppo duro, la superficie tenderà a rompersi e a formare fessure e buchi superficiali. Se invece è troppo morbido, i bignè tenderanno ad appiattirsi.

step by step

I bignè

1

Incorporate progressivamente le uova alla massa a base di burro, acqua, latte e farina.

2

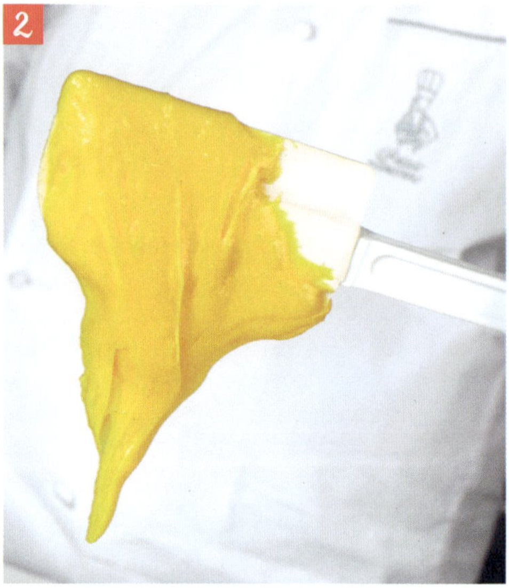

Quando l'impasto è pronto, colando forma un triangolo regolare.

3

Modellate i bignè distanziandoli 2 cm l'uno dall'altro.

4

I bignè devono avere un bel colore dorato.

5

Lo sviluppo non deve essere eccessivo e l'alveolatura moderata.

6

Spennellate la superficie dei bignè con i tuorli sbattuti.

7

Decorate i bignè a piacere.

Bignolata

PER QUESTA TIPOLOGIA DI DESSERT, DOSI PIÙ RIDOTTE COMPROMETTONO IL RISULTATO FINALE. LA DOSE CONSIGLIATA È SUFFICIENTE PER 2 TORTE DA 10 PERSONE. SI POSSONO CONSERVARE PER 30 GIORNI IN CONGELATORE, SENZA RIVESTIMENTO, DA ESEGUIRE 3 ORE PRIMA DEL CONSUMO.

INGREDIENTI

PER I BIGNÈ	125 G DI ACQUA	125 G DI BURRO	2 G DI SALE	125 G DI FARINA	165 G DI UOVA (CIRCA)	PER LA CREMA PASTICCERA ALLA VANIGLIA	200 G DI LATTE
MEZZO BACCELLO DI VANIGLIA	LA SCORZA DI MEZZO LIMONE	200 G DI TUORLI	100 G DI ZUCCHERO	30 G DI AMIDO DI RISO	200 G DI PANNA	PER LA CREMA DI ZABAIONE	120 G DI TUORLI
100 G DI ZUCCHERO	20 G DI AMIDO DI RISO	250 G DI MARSALA	PER LA CREMA AL CIOCCOLATO	100 G DI TUORLI	100 G DI ZUCCHERO	20 G DI CACAO	10 G DI AMIDO DI RISO
250 G DI LATTE	MEZZO BACCELLO DI VANIGLIA	70 G DI CIOCCOLATO FONDENTE	50 G DI PASTA DI CACAO TAGLIATA A PEZZETTINI				

COMPOSIZIONE

Bignè riempiti con tre tipi di crema pasticcera: crema zabaione, crema pasticcera al cioccolato, crema pasticcera alla vaniglia mescolata con panna montata (chantilly)
Rivestimento: panna montata distribuita con tasca da pasticciere e bocchetta piatta

In un pentolino portate a ebollizione l'acqua, il burro e il sale. Raggiunta l'ebollizione, incorporate la farina mescolando in continuazione con un cucchiaio e formate una polenta (o pasta grezza): cuocete per 2 minuti e fate raffreddare fino a 50-60 °C. Mettete la polenta nella planetaria con lo scudo e lavorate a velocità media incorporando bene le uova, un uovo alla volta. La densità della pasta è giusta quando sollevandola con il cucchiaio di legno la parte che cola disegna un triangolo che non si rompe sui lati e la massa sollevata non cola troppo velocemente. Con una tasca dotata di bocchetta liscia n. 8 modellate nella teglia leggermente imburrata e infarinata (o su fogli appositi siliconati con buchi) alcune piccole semisfere, distanziandole 2 cm su tutta la circonferenza. Cuocete a 180-210 °C a valvola aperta. A 180 °C si ottiene un bignè dallo sviluppo regolare e uniforme in superficie ma leggermente più spesso, a 210 °C il bignè sarà più fine ma con tante piccole screpolature sulla superficie.

Per la crema pasticcera alla vaniglia, portate a ebollizione in un tegame il latte, la vaniglia e la scorza di limone (solo la parte gialla). A parte mescolate con la frusta i tuorli, lo zucchero e l'amido di riso. Una volta raggiunta l'ebollizione, filtrate il latte e incorporatelo bollente alla massa appena ottenuta, mescolando. Cuocete il tutto a bagnomaria sempre mescolando in continuazione con la frusta oppure, se il composto verrà cotto direttamente sul fuoco, usate una pentola antiaderente o di rame per evitare che la crema si attacchi sul fondo e bruci. Non appena la crema comincia ad addensarsi, toglietela dal fuoco. Per evitare che diventi granulosa, raffreddatela velocemente versandola in un tegame freddo appena tolto dal frigorifero o dal congelatore e mescolando fino alla perdita del calore di cottura (fino a 50 °C).

Per la crema di zabaione, mescolate tuorli, zucchero e amido. Unite il Marsala e iniziate la cottura partendo dal composto freddo; portate a cottura utilizzando lo stesso metodo sopra descritto per la crema pasticcera. Se possibile cuocete a bagnomaria.

Per la crema al cioccolato, procedete come per la crema pasticcera alla vaniglia: mescolate tuorli, zucchero, cacao e amido; portate a ebollizione latte e vaniglia, e filtrate; incorporate il tutto e cuocete possibilmente a bagnomaria mescolando continuamente. Quando la crema è cotta, incorporate il cioccolato e la pasta di cacao a pezzettini e mescolate energicamente con la frusta fino al totale scioglimento.

È preferibile preparare i bignè, poi le creme e riporle in un contenitore coperto da pellicola in frigorifero, insieme alla panna montata necessaria.

Iniziate a riempire i bignè: una volta cotti farciteli con una tasca da pasticciere con bocchetta piccola e lunga, utilizzando le varie creme, in pari quantità: circa 30 per tipo di crema.

Per facilitare una buona riuscita della bignolata è preferibile mettere i bignè già farciti nel congelatore fino al loro indurimento (circa 30 minuti).

Mescolateli delicatamente con le mani coperte da guanti usa e getta utilizzando un ampio recipiente: mescolate metà della crema pasticcera e pari peso di panna montata (450 g circa) e coprite completamente i bignè mescolandoli tutti insieme.

Il contenitore finale può essere una zuppiera, un piatto fondo oppure un contenitore fatto di croccante in cui disporre a piacere la bignolata. Modellate due torte di ugual misura e completatele decorandole con panna montata poco zuccherata (circa 300 g per ogni dolce).

Note: il migliore utilizzo della vaniglia si ottiene incidendo la bacca per tutta la lunghezza. Nella parte centrale ci sono i semi neri, che sono la parte aromatica per eccellenza.

Ricordate sempre di grattugiare solo la parte gialla della scorza di limone o arancia: il bianco ha un sapore amaro e poco gradevole.

Con la ricetta di crema pasticcera alla vaniglia qui proposta otterrete una quantità leggermente abbondante per un utilizzo successivo, ma se si calcola che una parte rimane attaccata alle pareti e che normalmente un cucchiaio o due verrà mangiato per curiosità e golosità... queste dosi sono indispensabili.

TOASTED ARTISAN
NATURAL INGREDIENTS
PRODUCE IMPORT

Paris-Brest

INGREDIENTI

PER IL BIGNÈ CLASSICO	165 G DI ACQUA	3 G DI SALE	80 G DI BURRO	165 G DI FARINA BIANCA 00 W 200-210	400 G DI UOVA	PER LA CREMA ALLA NOCCIOLA	165 G DI BURRO	165 G DI PASTA DI NOCCIOLE
65 G DI ALBUMI	16 G DI ZUCCHERO	16 G DI ACQUA	70 G DI ZUCCHERO	PER LE NOCCIOLE CARAMELLATE	100 G DI NOCCIOLE	35 G DI ZUCCHERO	7 G DI BURRO	

In un tegame portate a ebollizione l'acqua, il sale e il burro. Aggiungete la farina setacciata mescolando omogeneamente con un cucchiaio e asciugate bene la massa sul fuoco. Trasferite la polenta ottenuta nella bacinella della planetaria e aggiungete le uova poco per volta con lo scudo, fino a ottenere un impasto liscio e morbido (comunque, un po' più sostenuto del bignè piccolo). Modellate la pasta con una tasca da pasticciere con bocchetta media dentellata, quindi formate dei cerchi all'interno di anelli da cottura posizionati su fogli di silicone. Prima di cuocere, spennellate la superficie con uova sbattute e coprite il Paris-Brest con granella di nocciole. Cuocete in forno a 190 °C con valvola aperta.

Per la crema alla nocciola, montate il burro con la pasta di nocciole nella planetaria con lo scudo. In un'altra bacinella della planetaria con la frusta montate a neve l'albume con i 16 g di zucchero. In un tegame portate l'acqua e il resto dello zucchero a 118 °C e, sempre montando, versate lo sciroppo a filo sull'albume continuando a sbattere fino a raffreddamento. Amalgamate le due masse montate omogeneamente.

Per le nocciole caramellate, mettete in una casseruola lo zucchero e le nocciole e mescolate con un cucchiaio fino a coprire di caramello tutta la frutta; incorporate il burro, versate le nocciole su un tavolo leggermente unto e separate la frutta quando è ancora bollente.

Per la composizione del dolce, quando l'anello di bignè è cotto tagliatelo in tre strati o, in alternativa, ricavate da tre anelli di bignè due Paris-Brest tagliandoli a metà. Usando la tasca da pasticciere con bocchetta dentellata farciteli con abbondante crema al burro arricchita in superficie da nocciole caramellate e spolverate leggermente la superficie con lo zucchero a velo.

capitolo sei

I meringaggi

MACARON CON MERINGA ALL'ITALIANA

MERINGHE AL CIOCCOLATO

L'ALBUME IN PASTICCERIA: I MERINGAGGI

Nell'universo della pasticceria, gli albumi sono sempre stati considerati come un prodotto povero e di recupero. Gli albumi, addizionati allo zucchero, si prestano per produrre una schiuma stabile e per progettare dolci leggeri, morbidi o croccanti e, generalmente, conservabili. Le notevoli proprietà del bianco d'uovo di sviluppare una schiuma leggera sono il risultato delle attività combinate di varie proteine. Ricordiamo che una meringa con pari peso di albume e zucchero, una volta cotta e tostata, resta croccante e friabile se contiene un massimo del 4-5% di umidità: il suo sapore dolce è uguale a quello della meringa realizzata con una parte di albumi e tre di zucchero. Evaporata l'acqua in cottura, quello che rimane è lo zucchero e una piccola percentuale di proteine. Gli albumi possono aumentare di volume fino a 6,9 volte: il loro segreto è sorprendente, possiamo paragonarlo a un "lavoro di squadra" delle proteine.
Al contrario, i tuorli, da soli, non solo non sono adatti a produrre schiuma, ma per la loro natura impediscono all'albume di formare la schiuma a causa della presenza di grassi nella loro composizione. Tecnicamente e fisicamente la meringa è una schiuma, cioè una dispersione di gas (aria) all'interno di un liquido. Quando gli albumi sono montati con lo zucchero, infatti, il loro volume aumenta o diminuisce a seconda delle quantità incorporate, della temperatura della massa, delle tecniche di lavorazione. La stabilità sarà conseguita quindi non solo grazie alla quantità di zucchero, ma anche al modo in cui viene incorporato (a caldo, a freddo, poco per volta, tutto insieme, poco all'inizio e la rimanenza tutta alla fine ecc.).

LA SCHIUMA

Forse non tutti sanno che la schiuma a base di albume si ottiene, generalmente, in fase di lavorazione a temperatura ambiente (18-25 °C) ed è realizzata incorporando aria in un liquido proteico più o meno vischioso attraverso un movimento meccanico di sbattimento (metodo tradizionale); praticamente si tratta di una massa costituita da piccolissime bolle d'aria: nelle fasi iniziali della lavorazione sono grandi e, man mano che si sbatte, le proteine si irrigidiscono e le bolle diventano sempre più piccole, consistenti e più numerose, ma anche più stabili. Non tutti i liquidi sono adatti a produrre una schiuma. L'acqua pura, per esempio, non ne produce per quanto la si possa agitare anche con energia: in un primo tempo si formano un po' di bolle qua e là, ma ben presto si rompono e scompaiono.

GLI INGREDIENTI DELLE MERINGHE

Le materie prime utilizzabili per la realizzazione delle meringhe sono: albume fresco, surgelato o in polvere con acqua; proteine derivanti dal latte; zucchero finemente cristallizzato per alcune ricette; zucchero cotto con acqua; zucchero a velo. Per un arricchimento del gusto possono essere incorporate altre materie prime che cambiano il sapore, il gusto e anche la struttura della meringa: si possono aggiungere frutta secca, prodotti del cacao, sale e aromi. Farina e burro sono presenti solo in poche ricette speciali come, per esempio, la *duchesse*. La struttura schiumosa dell'albume montato a neve viene infatti rotta dal burro incorporato, per cui la massa montata divenuta molto delicata produrrà dolci diversi, a seconda delle diverse cotture: più morbidi o soffici o estremamente croccanti. La farina e gli amidi rendono più complessa la cottura: generalmente i dolci che li prevedono nella ricetta risultano meno croccanti e più duri, con una struttura dal gusto leggermente sabbioso e dal colore giallo-grigio non troppo elegante. Le masse d'albume montato sono codificate con l'appellativo di "albume montato a neve ferma".

L'albume è composto dall'88% di acqua e dall'11% di proteine. Nello sbattimento meccanico, le proteine si denaturano prendendo forme lineari adatte a fare da membrana tra le bolle d'aria e l'acqua.
L'albume aumenta da 6 a 7 volte il proprio volume. Quando montiamo gli albumi, è importante avere strumenti puliti e un'assenza totale di grassi, in quanto questi interferiscono nel processo di formazione del reticolo proteico intorno alle bolle d'aria. È quindi da evitare la presenza di tuorlo anche minima.
Con una montatura eccessiva, le proteine si rompono, si separano dall'acqua e questa sale in superficie. Otterremo dolci filamentosi e pesanti.

MERINGA CLASSICA

INGREDIENTI

500 g di albumi
500 g di zucchero semolato
1 kg di zucchero a velo

PROCEDIMENTO

Nella bacinella della planetaria montate a neve gli albumi con lo zucchero semolato versando inizialmente circa 100 g e poi la rimanenza, pian piano, mentre la massa monta. Setacciate lo zucchero a velo, incorporatelo con un cucchiaio a spatola mescolando con delicatezza. Modellate le meringhe su carta forno con l'ausilio di una tasca da pasticciere. Cuocete a 160 °C per 10 minuti e a 120 °C per 2 ore con valvola aperta. Per una produzione di tipo artigianale, si consiglia di programmare le meringhe a fine lavoro per poi lasciarle cuocere durante la notte con il recupero di calore del forno.

MERINGA ALL'ITALIANA

INGREDIENTI

450 g di acqua
1,4 kg di zucchero (prima parte)
500 g di albumi
100 g di zucchero (seconda parte)

PROCEDIMENTO

In un tegame con beccuccio portate a 116 °C l'acqua e la prima parte di zucchero. Contemporaneamente montate gli albumi con lo zucchero rimasto. I due processi di lavorazione devono essere realizzati nello stesso momento. Diminuite la velocità della macchina, versate al centro della bacinella metà dello zucchero cotto e, dopo 20 secondi, diminuite la velocità e versate l'altra metà: in questo modo si evita la dispersione dello zucchero sulle pareti della bacinella. Completate la lavorazione della meringa fino a ottenere il massimo del volume. Mettete la massa di meringa in una teglia, copritela con la pellicola e raffreddatela velocemente in abbattitore prima dell'utilizzo.

step by step

I meringaggi

1

Versate l'albume nella bacinella della planetaria e montate alla velocità massima.

2

Aggiungete lo zucchero poco alla volta.

3

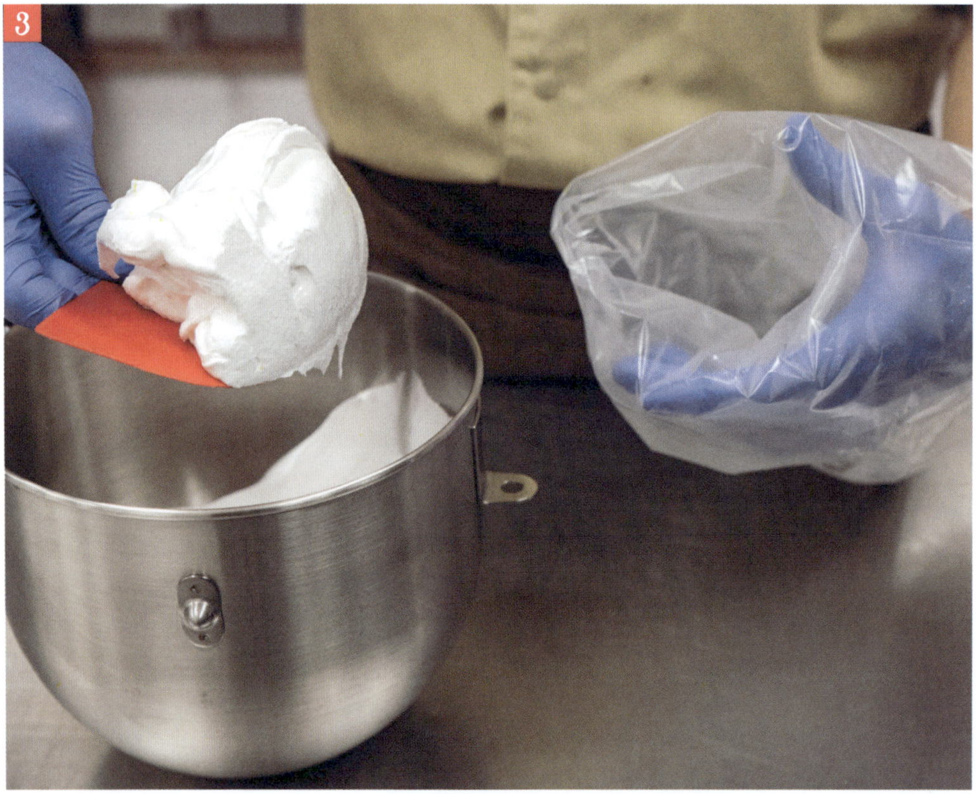

Quando tutto lo zucchero è sciolto, la massa è pronta e montata.

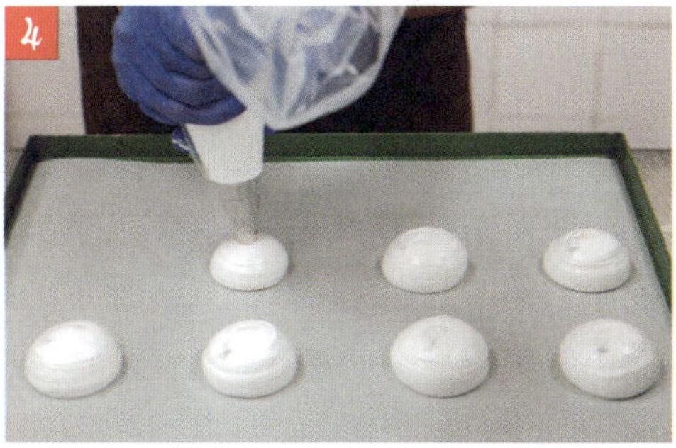

Trasferite l'impasto nella tasca da pasticciere con bocchetta n. 12 e modellate i gusci.

Cospargete di zucchero a velo.

Cuocete a 130 °C per 30 minuti, quindi a 100 °C per 2 ore.

Macaron con meringa all'italiana

INGREDIENTI

275 G DI ZUCCHERO A VELO	250 G DI MANDORLE BIANCHE IN POLVERE	90 G DI ALBUMI	200 G DI ZUCCHERO	60 G DI ACQUA	100 G DI ALBUMI	2 G DI ALBUMI IN POLVERE

PER LA CREMA GANACHE AL CIOCCOLATO	270 G DI PANNA FRESCA 35% M.G	LA SCORZA DI 1 ARANCIA (SENZA LA PARTE BIANCA)	300 G DI CIOCCOLATO FONDENTE 56% DI MASSA DI CACAO SCIOLTO A 45 °C

150 G DI CIOCCOLATO AL LATTE 36% DI MASSA DI CACAO SCIOLTO A 45 °C	8 G DI GELATINA	15 G DI LIQUORE ALL'ARANCIA	200 G DI SUCCO DI ARANCIA	70 G DI BURRO

Macinate al mixer e setacciate due volte lo zucchero a velo e le mandorle in polvere, incorporate e mescolate con 90 g di albumi. Cuocete 200 g di zucchero con l'acqua a 118 ° C e versate a filo mentre gli albumi rimasti (100 g) e quelli in polvere montano; fate raffreddare leggermente. Amalgamate le due masse. Se necessario colorate il macaron con colori alimentari, quindi con una tasca da pasticciere dotata di bocchetta liscia n. 10 modellate delle piccole semisfere su carta forno. Cuocete a 180 °C con valvola aperta per 4 minuti e a 160 °C per 8 minuti. Per staccare più facilmente i biscotti dalla carta metteteli per qualche minuto in abbattitore, prima di passare alla farcitura, oppure cuoceteli per 2 minuti in più: in questo caso le farciture dovranno essere più umide.

Per ottenere un bel macaron, la massa non deve essere ferma ma scorrere leggermente sul cucchiaio: per questo si deve eseguire il macaronage, cioè sbattere la massa con il cucchiaio contro la parete della bacinella, fino a ottenere un composto sufficientemente scorrevole.

Per la crema ganache al cioccolato, in un tegame portate a 80 °C la panna con le scorze di arancia e versate il composto bollente nel mixer sui due tipi di cioccolato precedentemente fatti a pezzettini. Lavorate per 2 minuti, incorporate la gelatina ammorbidita e aggiungete il liquore all'arancia e il succo a 60 °C. Lavorate nel mixer per 6 minuti complessivi. Quando la massa raggiunge i 50 °C, incorporate il burro ed emulsionate per altri 3 minuti. Togliete la ganache dal mixer, versatela in un contenitore basso, coprite con la pellicola e fate raffreddare fino quando inizierà a cristallizzare (una notte).

Quando la crema sarà cristallizzata, farcite i macaron con una tasca da pasticciere con bocchetta n. 8. Non mescolate più la crema, mettetela nella tasca da pasticciere e farcite i macaron. Conservate in frigorifero per stabilizzare la crema.

Meringhe al cioccolato

INGREDIENTI

300 G DI ZUCCHERO	100 G DI ACQUA	150 G DI ALBUMI	75 G DI ZUCCHERO	175 G DI CIOCCOLATO FONDENTE AL 70% SCIOLTO A 40 °C

PER LA CREMA GANACHE AL MIELE	190 G DI PANNA	100 G DI MIELE MILLEFIORI	200 G DI CIOCCOLATO DI COPERTURA AL LATTE	200 G DI CIOCCOLATO FONDENTE	100 G DI BURRO FRESCO

COMPOSIZIONE

Due mezze meringhe al cioccolato di forma ovale - farcitura: crema ganache al miele

Cuocete 300 g di zucchero con l'acqua a 120 °C e nel frattempo montate gli albumi con i 75 g di zucchero. Gli albumi devono essere pronti quando lo zucchero è cotto: versatelo a filo. Quando la massa è ben montata e stabile, incorporate il cioccolato sciolto, mescolando delicatamente con un cucchiaio a spatola.

Con una tasca dotata di bocchetta liscia n. 10 modellate le meringhe di forma ovale sulla carta forno. Fate riposare per un'ora e cuocete in forno a 170-180 °C con la valvola aperta per 10-11 minuti.

Per la crema ganache al miele, portate a ebollizione la panna e aggiungete il miele. Versate la panna bollente sul cioccolato al latte e quello fondente precedentemente tritati. Mixate il tutto al fine di ottenere una crema omogenea e liscia, quindi aggiungete il burro quando la crema raggiunge la temperatura di 40-42 °C. Fate raffreddare e montate leggermente in planetaria.

Con una tasca da pasticciere dotata di bocchetta liscia farcite le due meringhe raffreddate e disponetele nei pirottini possibilmente ovali.

capitolo sette

La pasta sfoglia

TRANCIO DI MILLE SFOGLIE AL CIOCCOLATO

PRUSSIANO O CŒUR DE FRANCE

CHE COS'È LA PASTA SFOGLIA

La pasta sfoglia si realizza con diversi ingredienti (fondamentali e opzionali). In genere è composta da una parte secca data dalla farina, preferibilmente bianca, l'ideale per questa tipologia di prodotto; un liquido che ha la funzione di unirsi alla farina e formare la struttura della pasta; una o più materie grasse che danno la consistenza e la plasticità in base alle condizioni climatiche-ambientali e ne determinano la qualità; una dose di sale che, se ben equilibrato, dona sapore e colore in cottura, ed è un rilevatore aromatico e del malto che aumenta la colorazione dei prodotti in cottura e facilita la lavorazione della pasta. Alla sua buona riuscita concorrono anche diversi fattori come la durata dell'impastamento, che aumenta o diminuisce la struttura del glutine e, naturalmente, la tecnica adottata (burro dentro o fuori, a cubetti incorporato nella pasta, numero di giri ecc.). Anche lo spessore della pasta durante la stratificazione è una variabile da considerare: il suo spessore nelle tirate incide infatti sulla tipologia di sfogliatura.
E che dire del riposo, cioè il tempo che trascorre tra una tirata e l'altra e prima della cottura? Incide sullo sviluppo e sulle forme. Infine, la tipologia dei liquidi: a seconda di quelli utilizzati (acqua, latte, vino bianco, uova, panna e tuorli) la struttura del prodotto cambia.
La pasta sfoglia ha un gusto aromatico neutro ed è quindi adatta per preparare tanto prodotti dolci quanto salati. Lo sviluppo della pasta avviene in verticale per mezzo del vapore (lievitazione fisica).
L'impasto della sfoglia lievita grazie a una funzione fisica naturale programmata. Durante la cottura aumenta di 10-14 volte il proprio volume rispetto a quello originale, grazie al vapore acqueo e alla barriera che i grassi oppongono alla fuoriuscita di quest'ultimo dalle paste. In pratica, lo strato di pasta che ha assorbito liquidi (cioè il pastello), quando viene sottoposto a calore, produce pian piano del vapore. Quest'ultimo, trovando uno strato impermeabile di grasso che gli oppone resistenza (panetto), spinge verso l'alto provocando uno sviluppo verticale a catena. La pasta sfoglia all'italiana è composta da circa 144 strati realizzati utilizzando delle pieghe semplici: piega a 3 (semplice) - piega a 4 (doppia) - 1 a 3 - 1 a 4 (come vedremo successivamente). Praticamente la piega a 3 (piega semplice) consiste in tre strati di pasta che vengono sovrapposti dopo averla stesa all'altezza di circa cm 1. Le pieghe a quattro si ottengono sempre dopo avere steso la pasta longitudinalmente: prima si piega a metà e poi ogni metà si ripiega su se stessa; si ottiene così un libro aperto che, se si chiude, forma la piega doppia, detta anche a libro chiuso.
In Italia e Francia si utilizza lo stesso quantitativo per il burro e per la farina, in altre nazioni si utilizza meno grasso.

Farina e liquidi danno struttura.
Il grasso dà qualità.
Il sale dà sapore e colore.
Il malto aumenta la colorazione e facilita la lavorazione.

La dose di burro nella sfoglia va da 0,500 a 1 kg per kg di farina. La forza della farina (W) è importante perché il glutine, che trattiene i gas (in questo caso vapore), dà la struttura portante dell'impasto.
Alto W: la farina con W alto dà elasticità al glutine, quindi assorbe più acqua (impasto resistente, lieviterà lentamente: maglie del reticolo fitte).
Basso W: la farina con W basso lievita in fretta ma è poco consistente e poco elastica, si rompe con facilità.
Fino a 0,8 mm cuoce con regolarità in altezza, mentre le sfoglie più alte non cuociono all'interno: bisogna abbassare la temperatura con un conseguente minore sviluppo. Diventa pesante ma è adatta a prodotti

salati a lunga conservazione perché sente meno l'umidità. La temperatura ideale di cottura è di 160°C anziché 180°C.
Si può congelare; la sera prima va in frigorifero e prima di usarla si fa un mezzo giro. Non si conserva a lungo in frigorifero perché dopo circa 6 giorni fermenta.
Il sale si scioglie nell'acqua che va nel pastello: da 10 a 20 g per kg farina (dose consigliata 20 g).
Caratteristiche del grasso (burro): plastico, malleabile, sopporta lavorazioni eccessive.

SFOGLIA ALL'ITALIANA

INGREDIENTI

Per il panetto
700 g di burro (15% di acqua)
300 g di farina (330 W)

Per il pastello
700 g di farina
300 g di burro
20 g di sale
130 g di acqua
130 g di vino bianco

PROCEDIMENTO

Per il panetto: il panetto va lavorato prima del pastello, in maniera che il poco burro che rimane in macchina vada in quest'ultimo. Battete il burro con il matterello per plastificarlo (cioè renderlo più malleabile). Mettete nella planetaria farina e burro ancora freddo e amalgamate con il gancio, senza lavorarlo troppo a lungo: il composto, al termine dell'assorbimento della farina, dovrà risultare in una massa burrosa, omogenea e ancora plastica. Modellate il panetto in una forma rettangolare dello spessore di circa 1 cm e mettetelo a riposare in frigorifero per almeno un'ora coperto con pellicola.

Per il pastello: se lo preparate a mano, formate nella farina bianca posta sul tavolo una fontana (un anello), e incorporatevi il burro e il sale, quindi impastate con l'acqua fredda e il vino bianco. Con la macchina impastatrice o planetaria: incorporate i medesimi ingredienti, lavorandoli con il gancio a velocità media per circa 7 minuti, in modo da formare una pasta liscia ed elastica. Tecnicamente l'impasto deve avere la stessa consistenza del burro, in modo che nella stratificazione non risultino prevalenze; lasciatelo riposare sul tavolo per 20-30 minuti coprendolo con la pellicola per evitare la formazione di una crosticina che renderebbe difficile la lavorazione.
Con questo tipo di pastello, la sfoglia rimane friabilissima grazie alla quantità di grasso contenuta.

LA STRATIFICAZIONE

Date i giri stendendo il pastello con il matterello, con uno spolvero di farina bianca (per non fare appiccicare la pasta). Lo spessore ideale per questa quantità è di cm 1,5. Mettete al centro della pasta stesa il panetto al burro, avvolgendolo uniformemente e completamente. Per la stratificazione stendete la pasta col matterello o con la macchina fino a uno spessore di circa 1 cm (se il lavoro viene eseguito a mano, tenete il piano di lavoro adeguatamente infarinato; con la macchina tutto diventa più semplice). Fate convergere le parti esterne della pasta verso il centro facendole combaciare per bene; ripiegate una metà sull'altra in modo da ottenere quattro strati a forma di libro. Fate attenzione che durante la lavorazione la pasta mantenga una perfetta forma rettangolare, per ottenere una buona stratificazione e sfogliatura regolare (il lavoro ben fatto servirà a dare alla sfoglia la squisitezza e la fragranza per cui è famosa).
La pasta va tirata sempre longitudinalmente: la direzione corretta è verso le due aperture. Se non si rispetta

questa regola la pasta nella cottura si ritira e perde la forma programmata.
Fate riposare in frigorifero per un'ora la pasta avvolta nella pellicola.
Per ottenere una buona sfoglia servono quattro giri sempre a quattro strati. Ultimata la sfoglia (dati i giri), mettete la pasta in frigorifero perché si stabilizzi: dopo circa un'ora la pasta sarà pronta per l'uso. È opportuno ricordare che per ottenere una sfoglia delicata è meglio lavorarla in un ambiente fresco.
Consiglio utile per la praticità e per una gestione razionale del lavoro: preparate la pasta sfoglia il giorno precedente la sua modellazione. La pasta sfoglia infatti, avvolta nella pellicola e conservata in frigorifero a una temperatura di 2-4 °C, si conserva bene per 4 giorni; dal quinto giorno inizia a ossidarsi diventando grigia e perdendo forza di sviluppo in fase di cottura.

Anche per la sfoglia come per tutte le altre paste basi si possono fare variazioni nelle stratificazioni, ad esempio:

- date 6 giri invece di 4, ma piegando la pasta in 3 strati;
- date 5 giri alternando una volta 3 strati e una volta 4 strati, ripetete l'operazione e terminate con tre strati;
- mettete il panetto di burro all'esterno, inserendovi cioè il pastello e quindi date i giri normalmente come descritto sopra; in questo caso, avendo sempre il grasso all'esterno, si evita la formazione di crosta anche senza l'utilizzo della pellicola.

COTTURA

La temperatura deve essere di 210-220 C°, inizialmente a valvola chiusa per mantenere il vapore che si sviluppa. Quando la sfoglia comincia a prendere colore bisogna eliminare il vapore aprendo la valvola.

CARAMELLIZZAZIONE DELLA SFOGLIA

Cospargete uniformemente la superficie da cuocere con zucchero a velo (o semolato) setacciato. Negli ultimi minuti di cottura alzate la temperatura di 30 °C.

CONSIGLI

La sfoglia si sviluppa in verticale e l'eccesso di vapore esce dai lati. Se si sviluppa molto risulterà troppo fragile, se si sviluppa poco cuoce male. Quindi più gli strati sono regolari, maggiore sarà lo sviluppo.
Conservatela in fogli di plastica alimentare.
Verificate se è lavorata regolarmente: tirandola sottile fino alla trasparenza non deve strapparsi.
Il pastello e il panetto devono avere la stessa consistenza, perché uno non prevalga sull'altro.
Le materie grasse non devono essere troppo fredde.

BUSSOLÀ
MADE IN ITALY

step by step

La pasta sfoglia

Mettete il burro nella bacinella della planetaria.

Mescolate a velocità 1.

Aggiungete la farina.

Fate assorbire il tutto.

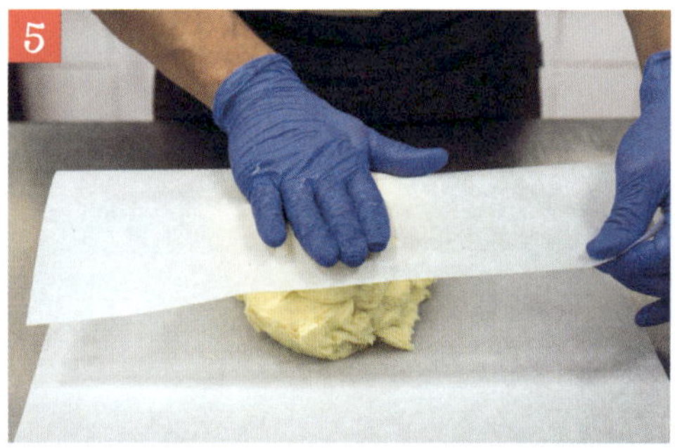

Estraete dalla bacinella e formate un panetto.

Versate la farina per il pastello.

Unite il burro.

Aggiungete il malto.

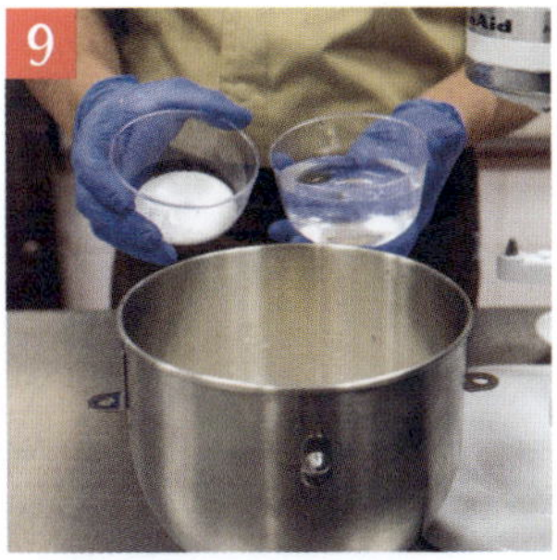

Incorporate il sale
con l'acqua.

Mescolate il tutto per 12
minuti a velocità 2.

Stendete il pastello.

Disponete il panetto.

Chiudete il pastello sul panetto.

Stendete.

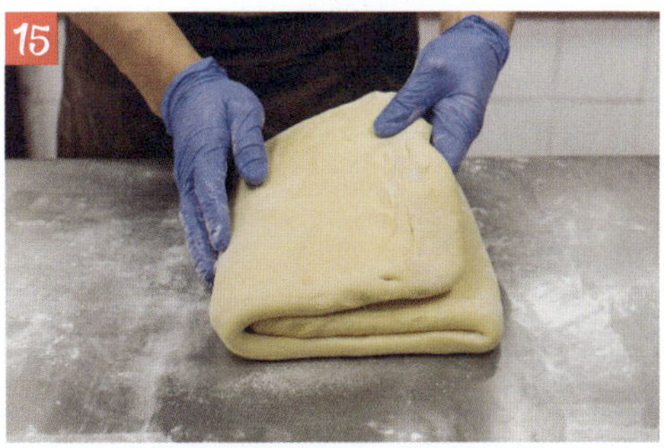

Fate una piega a 3.

Stendete la pasta.

Fate una piega a 4.

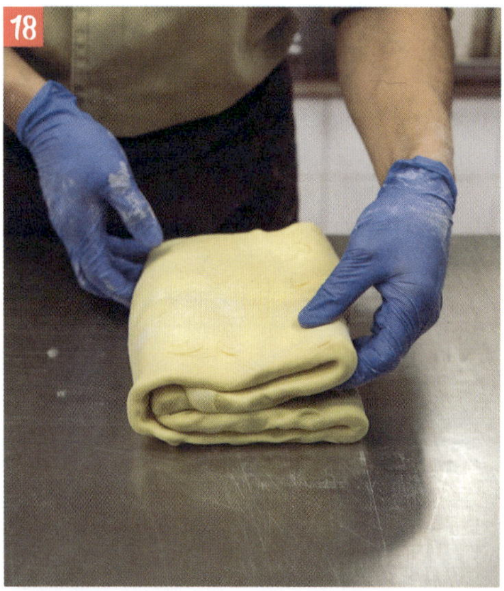

Verificate che le pieghe siano regolari.

Stendete la pasta.

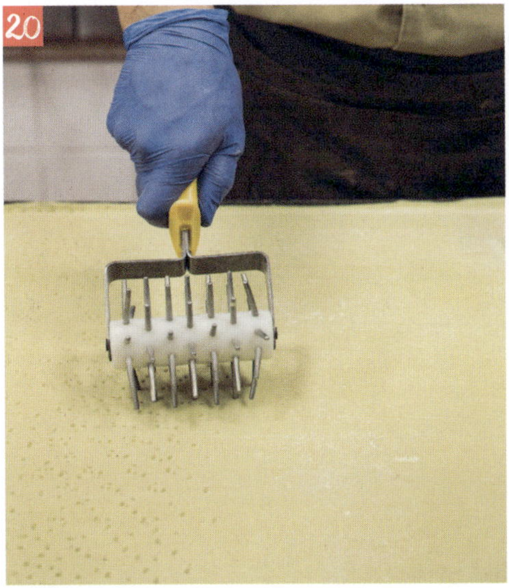

Bucate la pasta.

Cuocete in forno a 200 °C per 13 minuti.

Tagliate 3 sfoglie di misura uguale e farcitele a piacere.

Trancio di mille sfoglie al cioccolato

INGREDIENTI

PER LA PASTA SFOGLIA	PER IL PANETTO	100 G DI FARINA BIANCA 00	220 G DI BURRO FRESCO	PER IL PASTELLO	220 G DI FARINA BIANCA 00	100 G DI BURRO FRESCO E PLASTICO

7 G DI SALE	100 G DI ACQUA FREDDA (SI PUÒ SOSTITUIRE CON UN BUON VINO BIANCO)	PER LA CREMA PASTICCERA AL CIOCCOLATO	100 G DI TUORLI	70 G DI ZUCCHERO

13 G DI AMIDO DI RISO	330 G DI LATTE	1 BACCELLO DI VANIGLIA	190 G DI CIOCCOLATO FONDENTE

COMPOSIZIONE

Sfoglia ben cotta caramellata - crema pasticcera al cioccolato - sfoglia - crema pasticcera al cioccolato - decorazione con zucchero

Preparate la pasta sfoglia secondo il procedimento indicato. Per la crema pasticcera al cioccolato: mescolate i tuorli, lo zucchero e l'amido di riso. Portate a ebollizione il latte con la vaniglia. Incorporate le due masse e portate a cottura mescolando in continuazione con la frusta fino a 82 °C. Prima di ultimare la cottura, incorporate il cioccolato a pezzettini e mixate per 3 minuti. Raffreddate immediatamente e stabilizzate la crema in frigorifero.

Per la composizione del dolce, posizionate uno strato di sfoglia ben cotta caramellata come fondo del dolce, poi uno strato di 8 mm di crema pasticcera al cioccolato con spuntoni tondi, utilizzando la tasca da pasticciere con bocchetta liscia n. 12. Ripetete l'operazione.

Terminate con uno strato di sfoglia spolverato leggermente con zucchero a velo.

Prussiano o Cœur de France

INGREDIENTI

PASTA SFOGLIA A SCELTA QB	ZUCCHERO SEMOLATO QB	
PASTA SFOGLIA DI TIPO FRANCESE		
PER IL PASTELLO	1 KG DI FARINA BIANCA 00 W 280	
	600 G DI PANNA	
	20 G DI SALE	
PER IL PANETTO	1 KG DI BURRO	200 G DI FARINA BIANCA 00 W 280

Per il pastello, impastate tutto nella planetaria con il gancio; quando la pasta si sarà formata, realizzate una pagnotta, coprite con la pellicola e fate riposare in frigorifero per 15-20 minuti o comunque finché l'impasto risulterà rilassato.

Per il panetto, impastate burro, farina e sale. Incorporate il panetto nel pastello, dando 2 giri semplici (cioè 2 volte a 3). Fate riposare per 30 minuti. Ripetete l'operazione e aggiungete un giro con piega a 4. Fate riposare in frigorifero finché la sfoglia diventerà lavorabile.

Stendete la pasta fino allo spessore di 2 mm, spolverando abbondantemente con lo zucchero semolato (la dose di zucchero consigliata è 1/3 del peso della sfoglia, distribuito nelle varie stratificazioni). Formate un rettangolo con una base da 60 cm, segnate la metà a 30 cm ma senza incidere. Ripiegate ogni metà in tre stati di pasta (perciò ogni piega sarà di 10 cm); a ogni piega spolverate di zucchero semolato e sovrapponete. Schiacciate al centro con un matterello, spolverate ancora di zucchero semolato e posizionate la sfoglia piegata a metà, quindi schiacciate per uniformare la pasta. Tagliate con un coltello caldo a un'altezza di 8-10 mm, quindi disponete in una teglia, se possibile teflonata, a una distanza doppia rispetto alla grandezza della pasta. Cuocete a 220°C. A metà cottura controllate la parte che sta cuocendo: se la base è già caramellata e lucida, capovolgete e completate la cottura.

Nota: se desiderate un maggiore sviluppo per questo tipo di sfoglia, potete aggiungere 20 g di malto in pasta per ogni kg di farina o burro impiegati.

capitolo otto

I dolci di pasta lievitata

BABÁ

KRAPFEN (BOMBOLONE)

TORTA DI ROSE

FRITTELLE DI PATATE

TORTA PARADISO

CHE COSA SONO I DOLCI DI PASTA LIEVITATA

Si definiscono come dolci di pasta lievitata tutti quelli che sono lasciati fermentare e lievitare con il lievito di birra (o, più correttamente, compresso), il lievito madre o con un processo di lievitazione mista, e la cui scelta produttiva è tipicamente legata alle zone di produzione. In questa tipologia i dolci lievitati sono prodotti quasi esclusivamente da farina bianca tipo 0 e 00 con l'aggiunta di burro, zucchero, uova e sale. Ovviamente, per arricchire la ricetta, sono utilizzate anche altre materie prime. In molti prodotti di pasta lievitata, oltre al liquido necessario per formare la pasta, cioè acqua o latte, si utilizzano le quattro materie prime di base del mondo dolciario: zucchero, burro, uova e farina. I risultati variano moltissimo per struttura e qualità, perché dipendono molto anche dalla tecnica impiegata. Nelle diverse realizzazioni si possono riconoscere tre tipi di paste lievitate.

PASTE LIEVITATE SEMPLICI

Questo gruppo comprende le paste che contengono solo piccole quantità di prodotti di arricchimento ovvero burro, zucchero e uova. Le materie prime principali della ricetta sono quindi la farina e il liquido, che è quasi sempre costituito dal latte. I tipi di lievito utilizzati vengono scelti da ciascun pasticciere a seconda delle caratteristiche della ricetta. Da queste paste si ottengono dolci semplici e convenienti, ovvero prodotti che finora sono rimasti prevalentemente appannaggio dei panificatori e che prevedono anche la possibilità di una farcitura economica, che viene sempre cotta insieme al prodotto.

PASTE LIEVITATE DI MEDIO VALORE

Anche questo genere di paste viene identificato a seconda delle quantità di prodotti di arricchimento aggiunti, quali burro, zucchero, uova. In questo caso le quantità dei prodotti sopra citati sono moderate. Nella preparazione si deve quindi tenere conto dei comportamenti di queste tre materie prime, che possono rallentare e limitare parzialmente la lievitazione. Normalmente i lievitati realizzati con queste paste non vengono farciti a crudo, ma possono essere arricchiti con un'aggiunta di glassa all'acqua, crema pasticcera o altro, in genere dopo la cottura e il raffreddamento. È bene notare che lo zucchero è la materia prima più limitata in termini di quantità e che va sempre incorporato all'impasto una volta che la lievitazione si è compiuta. Questo perché una delle sue prerogative principali è quella di legare una quantità consistente di acqua libera, sottraendola ai lieviti e limitandone l'attività.

PASTE LIEVITATE RICCHE

Queste paste fanno parte della cultura pasticcera attuale, si caratterizzano per le abbondanti quantità di zucchero, burro e uova e, come arricchimento, possono prevedere anche altri ingredienti come frutta candita, frutta secca (fichi secchi e noci), uva passa, cioccolato, pasta di mandorla a cubetti ecc. A causa delle abbondanti aggiunte di questi prodotti, la loro preparazione avviene in diverse fasi e con diverse modalità di lievitazione. Quelli che si ottengono sono perciò impasti più elaborati e complessi da gestire, se si vogliono avere ottimi risultati finali. Nelle paste lievitate, così come avviene d'altronde anche per le altre masse e paste di pasticceria, il rapporto fra liquido e farina è quello che determina la consistenza della pasta. Paste leggere e soffici contengono molto liquido e forniscono dolci più voluminosi di quelli ottenuti con paste ferme che, al contrario, saranno alquanto pesanti. Perciò, in ogni preparazione si deve considerare l'ostacolo alla lievitazione esercitato da quelle materie prime che forniscono qualità e che vengono inserite in quantità superiori come il burro e lo zucchero e, per le paste lievitate, anche le uova. Anche queste ultime infatti contribuiscono in modo determinante allo sviluppo di questo genere di prodotti.

TIPI DI FERMENTAZIONE

Nell'impasto hanno luogo diversi tipi di fermentazione. La principale è la fermentazione lattica, che avviene molto lentamente per idrolisi del lattosio o dello zucchero che, a loro volta, producono glucosio, successivamente trasformato in acido lattico. Tale fermentazione avviene a una temperatura ottimale di 35 °C. Abbiamo poi la fermentazione butirrica, che avviene a seguito di quella lattica e può essere attaccata da diversi batteri. Tuttavia, la temperatura che si sviluppa da questa reazione è di circa 40 °C (a meno che i lieviti non siano eccessivamente molli), per cui, durante una normale fermentazione dell'impasto, non si dovrebbero avere danni. Infine si verifica la fermentazione acetica, che avviene per somma dell'alcol etilico e dei fermenti acetici che producono, appunto, acido acetico. L'acidità prodotta nella fase della fermentazione lattica e acetica agisce sull'attività dei lieviti, degli enzimi e dei batteri e fa da transfert di assorbimento di minerali nel sangue.

Babà

INGREDIENTI

PER L'IMPASTO	165 G DI FARINA BIANCA 00	20 G DI MIELE DI ACACIA	200 G DI UOVA	3 G DI SALE	LA SCORZA GRATTUGIATA DI MEZZO LIMONE	70 G DI BURRO
7 G DI LIEVITO DI BIRRA	PER LO SCIROPPO AL RUM	265 G DI ZUCCHERO	330 G DI ACQUA	LA SCORZA GRATTUGIATA DI MEZZO LIMONE	1 BACCELLO DI VANIGLIA	
MEZZO BASTONCINO DI CANNELLA	80 G DI RUM SCURO					

COMPOSIZIONE

Stampo da babà imburrato – pasta - cottura - inzuppitura - apricottatura

Nella planetaria con il gancio impastate la farina, il miele, metà del peso delle uova, il sale e la scorza di limone grattugiata (solo la parte gialla). Quando la pasta si è formata ed è ben incordata, aggiungete progressivamente le uova rimaste, continuando a lavorare a velocità media. Incorporate il burro morbido e il lievito sciolto in poca acqua fredda. Continuate a lavorare fino a ottenere un impasto liscio, morbido ed elastico. Coprite la bacinella con la pellicola e fate riposare la pasta per 15 minuti circa.

Versate la pasta del babà nell'apposito stampo imburrato, oppure in stampi teflonati o di silicone, utilizzando la tasca da pasticciere con bocchetta liscia e riempiendo lo stampo fino a 1/3 della sua altezza. Fate lievitare in cella a una temperatura di 24-26 °C fino a quando la pasta arriva al bordo. Infornate a 210° C per 10 minuti. Diminuite poi la temperatura a 180 °C e proseguite la cottura per altri 10 minuti circa. Sformate subito il babà.

Per lo sciroppo al rum, mettete sul fuoco un tegame con tutti gli ingredienti e portate a ebollizione. Togliete dal fuoco e fate raffreddare fino a intiepidimento. Aggiungete il rum e mescolate.

Immergete il babà nello sciroppo ancora caldo a 96 °C, inzuppandolo bene. Toglietelo con una schiumaiola e appoggiatelo su una gratella. Premete con le mani per far uscire lo sciroppo in eccesso. Eventualmente spalmate uno strato sottile di confettura di albicocca precedentemente scaldata e ripassate il babà con la glassa piangente. Si può decorare con crema pasticcera, frutta fresca e panna montata.

Krapfen (Bombolone)

INGREDIENTI

100 G DI UOVA	10 G DI RUM	40 G DI LATTE A 30 °C	250 G DI FARINA BIANCA TIPO 0 MANITOBA	30 G DI ZUCCHERO	40 G DI BURRO	12 G DI LIEVITO DI BIRRA (FRESCO)
4 G DI SALE	20 G DI TUORLI	LA SCORZA GRATTUGIATA DI MEZZO LIMONE	1 BACCELLO DI VANIGLIA	OLIO PER FRIGGERE		

Dopo avere messo da parte 35 g di uova, il rum e il latte, lavorate tutti gli altri ingredienti in una piccola planetaria (5 minuti a velocità media e 6 minuti a velocità massima) fino a formare una pasta liscia ed elastica. A questo punto, incorporate i liquidi a velocità ridotta (latte, uova e rum) in tre fasi, facendo ogni volta assorbire e incorporare un terzo dei liquidi. Lavorate ancora la pasta rendendola elastica e asciutta (mentre la lavorate deve staccarsi dalle pareti della bacinella). Controllate la consistenza, che non deve essere eccessivamente dura (può capitare quando le farine sono troppo stagionate). La temperatura ideale finale dell'impasto è di 26 °C. Fate lievitare la pasta coperta da pellicola a una temperatura di 24 °C per 2 ore circa, comunque finché il volume iniziale si sarà triplicato.

Suddividete l'impasto in mucchietti da 35-40 g, che andranno arrotolati pressandoli con il palmo della mano sul tavolo con un movimento rotatorio e planetario. Disponete su un canovaccio leggermente spolverato di farina le palline ottenute, a 4 cm l'una dall'altra. Coprite i krapfen con la pellicola senza appoggiarla sui prodotti e fateli lievitare ancora finché raggiungeranno tre volte il volume iniziale. Saranno pronti, cioè lievitati, dopo circa 90 minuti in un ambiente a 24-26 °C. Se il clima è più freddo impiegheranno più tempo a lievitare. Friggeteli quindi in olio di arachidi o palmisto bollente alla temperatura ideale di 176 °C.

A metà cottura (dopo circa 3 minuti), la parte immersa avrà assunto un colore nocciola dorato; con un cucchiaio di legno rigirate i krapfen con una leggera pressione sul bordo per completarne la cottura.

Il dolce sarà perfetto se, a cottura ultimata, avrà sulla circonferenza un disegno di un anello chiaro di 10-15 mm. Questa riga chiara si forma quando il krapfen è lievitato regolarmente. Un krapfen troppo lievitato diventa grinzoso; uno poco lievitato non avrà l'anello e rimarrà pesante e gommoso.

A cottura ultimata farcite i krapfen con crema pasticcera o confetture varie, siringandoli con l'aiuto di una tasca da pasticciere con bocchetta sottile e lunga. La farcitura non deve superare un terzo del peso del krapfen. Completate con una spolveratina di zucchero a velo vanigliato. Se li servite come dolci al piatto, aggiungete una salsa di crema vaniglia, miele o salsa di frutta.

Nota: in assenza di tasca da pasticciere con bocchetta per la farcitura, formate una specie di imbuto con un triangolo di carta forno rigirato su se stesso (a cornetto).

Torta di rose

INGREDIENTI

PER LA BIGA	40 G DI LIEVITO DI BIRRA	200 G DI FARINA BIANCA 00	50 G DI ZUCCHERO	150 G DI UOVA	PER IMPASTARE	800 G DI FARINA BIANCA 00	500 G DI UOVA
20 G DI SALE	200 G DI ZUCCHERO	200 G DI BURRO	1 BACCELLO DI VANIGLIA	LA SCORZA GRATTUGIATA DI 1 ARANCIA	200 G DI BURRO PER STRATIFICARE	30 G DI ZUCCHERO SEMOLATO	
50 G DI BURRO	TUORLO LEGGERMENTE SBATTUTO	PER LA GLASSA ALL'ACQUA	100 G DI ZUCCHERO A VELO	20 G DI ACQUA	UNA SFUMATURA DI OLIO DI ROSA BULGARA		

Per la biga, in una piccola planetaria con il gancio impastate per 5 minuti a velocità media tutti gli ingrdienti solo per formare la pasta; mettetela in un recipiente e fatela lievitare fino a triplicare il volume iniziale a 24-26 °C.

Impastate in planetaria per 5 minuti a velocità media la biga che è già lievitata, la farina e 2/3 delle uova, aggiungete il sale, 1/3 dello zucchero e lavorate fino a che la pasta si stacca dalle pareti della planetaria. Aggiungete un altro terzo dello zucchero con parte delle uova. Appena assorbite, incorporate circa la metà del burro e quando la pasta è ritornata liscia aggiungete lo zucchero rimasto e gli aromi. Completate l'impasto incorporando il burro e le uova rimaste. La pasta sarà pronta non appena sarà divenuta liscia, omogenea e riuscirà a staccarsi dalle pareti della planetaria.

Conservate la pasta nel congelatore per 3 ore. Stendete quindi con il matterello la pasta ormai stabilizzata e parzialmente indurita per uniformarne la plasticità e formate un rettangolo dello spessore di 1 cm. Disponetevi il panetto da 200 g di burro e date tre giri semplici a sfoglia (per stratificare), cioè date tre pieghe, tirando la pasta-burro con il matterello, ottenendo uno strato di 7-8 mm e sormontando tre strati di ugual misura; lavorate con il matterello la pasta continuando a stratificare, cioè date un secondo giro; conservate la pasta in frigorifero per un'ora coprendola con la pellicola. Date un ultimo giro. Rimettete la pasta in frigorifero e quando sarà sufficientemente dura stendetela con il matterello fino a ottenere uno spessore di 3 mm; ammorbidite in un pentolino i rimanenti 50 g di burro e spennellate tutta la superficie della pasta; cospargetela poi con 30 g di zucchero semolato.

Formate un rotolo dal diametro di 6-7 cm. Tranciate con un coltello liscio piccoli pezzi da 50 g e mettete 10 pezzi negli appositi stampi da panettone basso (da 750 g). Fate lievitare fino a triplicare il volume iniziale a 24-26 °C per circa 2 ore.

Spennellate con il tuorlo leggermente sbattuto e cuocete per 25-26 minuti a 165 °C.

Per la glassa all'acqua, mescolate con un cucchiaio gli ingredienti fino a ottenere una massa morbida adatta a essere spennellata. Glassate tutta la superficie del prodotto appena sfornato con un pennello. Pinzate con aghi per maglieria la torta di rose capovolgendola a testa in giù fino a quando non si è stabilizzata.

Frittelle di patate

INGREDIENTI

280 G DI PATATE	200 G DI LATTE	30 G DI BURRO	5 G DI SALE	PER LA BIGA	20 G DI FARINA BIANCA 00	35 G DI LATTE A 30 °C	30 G DI LIEVITO DI BIRRA
4 G DI ZUCCHERO	PER REIMPASTARE	400 G DI FARINA BIANCA FORTE 00	70 G DI ZUCCHERO	50 G DI BURRO	LA SCORZA GRATTUGIATA DI 1 LIMONE		
200 G DI UOVA	100 G DI UVETTA PASSA MACERATA IN UN BUON MARSALA	PER LA SALSA	100 G DI MARSALA STRAVECCHIO	100 G DI MIELE DI ACACIA			
MEZZO BACCELLO DI VANIGLIA	1 GRATTUGIATA DI SCORZA DI ARANCIA	OLIO PER FRIGGERE	ZUCCHERO A VELO				

In un tegame cuocete nell'acqua le patate per circa 20 minuti, quindi passatele al setaccio o al passaverdura. Trasferitele in un pentolino e mescolate continuamente con un cucchiaio per formare un purè con latte, burro, sale. Fate raffreddare il purè.

Elaborate il lievito (biga) mixando tutti gli ingredienti: farina, latte, lievito di birra e zucchero. Fate lievitare fino a tre volte il suo volume iniziale. Reimpastate in planetaria a velocità media il purè freddo con la farina, la biga già lievitata, lo zucchero, il burro, la scorza di limone grattugiata (solo la parte gialla). Aggiungete metà uova, le altre poco per volta.

Alla fine della lavorazione, quando la pasta è liscia e si stacca dalle pareti della bacinella della macchina, incorporate l'uvetta macerata il giorno prima nel Marsala e lavorate a bassa velocità per non rompere l'uvetta e disperderla omogeneamente.

Fate raddoppiare il volume della pasta, quindi formate delle palline dal peso di circa 10 g, disponetele su un canovaccio spolverato di farina e fatele lievitare per 30-40 minuti a una temperatura di 26-28 °C.

Una volta raggiunto il doppio del volume, cuocetele in olio caldo (176 °C).

Quando sono cotte, cospargete con zucchero a velo aromatizzato alla cannella.

Per la salsa, scaldate fino a 60 °C in un pentolino il Marsala con il miele e la vaniglia, togliete il tegame dal fuoco e unite la scorza di arancia grattugiata. Mescolate.

Mettete in un piatto fondo un mestolino di salsa (40 g circa) sopra sette frittelle e servitele calde.

È un dolce squisito, di facile interpretazione: potete servirlo anche con miele di acacia e Marsala Stravecchio.

Torta paradiso

INGREDIENTI

660 G DI BURRO PURIFICATO	600 G DI ZUCCHERO A VELO	2 BACCELLI DI VANIGLIA	LA SCORZA GRATTUGIATA DI 1 LIMONE	40 G DI MARASCHINO	200 G DI TUORLI	1 PIZZICO DI SALE
300 G DI FECOLA	500 G DI FARINA	10 G DI LIEVITO IN POLVERE	500 G DI UOVA	200 G DI ZUCCHERO	BURRO PER LO STAMPO	ZUCCHERO A VELO VANIGLIATO PER SPOLVERARE

Sbattete con la frusta il burro, lo zucchero, il sale e i semi di vaniglia. Aggiungete poco per volta le uova intere, i tuorli, e lentamente tutti gli altri ingredienti continuando a mescolare. Riempite lo stampo imburrato per 2/3. Cuocete per 30 minuti a 170°C. Spolverate con lo zucchero a velo.

Indice delle ricette

Babà	117
Bicchierino di crema cioccolato-vaniglia	57
Bicchierino zuppa inglese	33
Bignolata	83
Biscotti all'uovo e all'olio d'oliva	75
Budino al cioccolato e vaniglia	53
Cake al limone con mandorle	71
Cheesecake ai mirtilli	55
Ciambella con frutta candita	23
Crema catalana al coriandolo	51
Crostata ai frutti di bosco	15
Crostata di frolla alla confettura di albicocche	17
Ferro di cavallo	19
Frittelle di patate	123
Gelato alla crema di caffè	59
Krapfen (Bombolone)	119
Macaron con meringa all'italiana	95
Meringhe al cioccolato	97
Mousse ai frutti di bosco con crema al mascarpone	25
Mousse al cioccolato	41
Pan meini	73
Paris-Brest	87
Paste mignon cioccolato e pera	37
Plum cake all'uvetta	69
Prussiano o Cœur de France	111
Sbrisolona mantovana con chantilly allo zabaione	21
Tiramisù	39
Torta di rose	121
Torta paradiso	125
Trancio di mille sfoglie al cioccolato	109

Referenze fotografiche

Giacomo Ferri: pp. 6-7, 35, 47, 85, 103

Lonati Fotografia di Vincenzo e Matteo Lonati: pp. 12-13, 14, 16, 18, 20, 22, 24, 30-31, 32, 36, 38, 40, 48-49, 50, 52, 54, 56, 58, 64-67, 68, 70, 72, 74, 80-81, 82, 86, 92-93, 94, 96, 104-107, 108, 110, 116, 118, 120, 122, 124

Ettore Sola: p. 4

Ringraziamenti

Un ringraziamento particolare a tutti coloro che hanno permesso la realizzazione di questo libro.
Alla squadra di Mondadori, composta da Stefano Peccatori, Caterina Giavotto e Lidia Maurizi.
A Level 33 e Hub4Brand che hanno seguito e realizzato con passione il programma televisivo in onda tutti i giorni su Sky Uno.
Grazie a Danilo Ferrario e Maurizio Palladino e a tutti i ragazzi della produzione.
Grazie al mio manager Umberto Chiaramonte, a Massimo Donelli, alla mia famiglia e a tutto lo splendido staff della Pasticceria Veneto.

La produzione di "Iginio Massari The Sweetman" ringrazia i partner:
Beko, Bravo, Cesarin, Debic, Dietor, Eurovo, Farina Dallagiovanna, Febal, Hausbrandt, Irinox, Novacart, Pavoni.

Azienda certificata ISO 9001
Mondadori Electa S.p.A. è un'azienda certificata per il Sistema di Gestione Qualità da Bureau Veritas Italia S.p.A., secondo la Norma UNI EN ISO 9001.

Questo libro rispetta l'ambiente
La carta utilizzata è stata prodotta con legno proveniente da foreste gestite secondo rigide regole ambientali, le aziende coinvolte garantiscono una produzione sostenibile aderendo alle certificazioni ambientali.

Questo volume è stato stampato
presso Elcograf S.p.A., via Mondadori 15, Verona
Stampato in Italia – Printed in Italy